Edition Innenwelt

Umschlaggestaltung: Deva Bunda

Satz: Anand Premendra

1. Auflage

© Copyright 2002 Edition Innenwelt GmbH

Alle Rechte vorbehalten

Druck: Wiener Verlag, Himberg, Österreich

Printed in Austria

ISBN 3-936360-00-6

Wilfried Nelles

Wo
die Liebe
hinfällt

Gespräche über Paarbeziehungen
und Familienbande

Herausgegeben von Norbert Wittke

Inhalt

Vorwort des Herausgebers

„Im Augenblick, da du über ein Ding sprichst, verfehlst du das Ziel", sagt eine Zen-Weisheit. Aber so wichtig das unmittelbare Erleben auch ist und so sprachlos wir vor den Tiefenschichten dieses Erlebens auch stehen – es gibt immer wieder die Notwendigkeit, mit Worten darauf hinzuweisen. Auch wenn man sich der Begrenztheit der Worte immer bewusst sein sollte, so ist doch die Fähigkeit, das richtige Wort zum richtigen Zeitpunkt zu wählen, eine hohe Kunst – ebenso wie das Schweigen am richtigen Ort.

Nachdem ich Wilfried Nelles ein Jahr lang bei seinen Familienaufstellungskursen begleitet hatte und immer tiefer erfuhr, wie nicht nur die Aufstellungen, sondern auch seine Erläuterungen und direkten Hinweise an die Teilnehmer diesen Einsichten und Lösungen für viele Probleme brachten, kam mir während eines Seminars in Spanien im Spätsommer 2000 die Idee, die aus dem Momentum heraus entstandenen Worte aufzuzeichnen und später für die Teilnehmer der Weiterbildung zusammenzufassen und zu dokumentieren. In der Folgezeit habe ich dann weitere Seminare in Berlin, Leipzig, Marmagen, Kirchberg und Italien auf Band zusammengetragen. Nachdem Teile davon, die auf CD veröffentlicht sind, großen Anklang fanden, haben wir uns im Herbst 2001 entschlossen, aus der Fülle dieser Aufzeichnungen ein Buch über Paarbeziehungen herauszugeben. Es sollte eine Art „Mitlesebuch" über Vorträge und Gespräche sein, wie sie in den Kursen von Wilfried Nelles geführt worden sind.

Mit Hilfe meiner Frau Annegret und einiger hilfreicher Computerprogramme habe ich aus vielen Stunden Rohmaterial diejenigen Texte ausgewählt, die in diesem Buch veröffentlicht werden. Ich verbinde damit die Hoffnung, das Verständnis für die Prozesse in Familien zu erweitern und die Leser in ihren Paarbeziehungen ähnlich zu stärken, wie ich es in den Seminaren von Wilfried Nelles erlebt habe.

Norbert Wittke
Karlsruhe, Februar 2002

Einleitung

Eines der vielen Mysterien der Liebe ist, dass sie einen erwischt, trifft, befällt, dass sie uns *geschieht*. Sie scheint ein Eigenleben zu führen: Sie kommt, wann sie will, sie trifft, wen sie will, und sie geht auch, wann sie will – letztendlich liegt es nicht in unserer Hand.

Wenn die Liebe in eine Paarbeziehung mündet, haben wir allerdings die Möglichkeit, sie zu pflegen oder sie zu vernachlässigen. Zwar können wir die Liebe nicht zwingen, kontrollieren oder steuern – dies widerspricht ihrem Wesen und bedeutet ihren Tod –, aber wir können die Beziehung pflegen und der Liebe damit einen Rahmen geben, in dem sie sich entfalten, in dem sie wachsen und sich wandeln kann. Gerade Letzteres ist sehr wichtig. So lange die Liebe lebt, wird sie sich, wie alles Lebendige, wandeln. Die Beziehung darf also nicht die Liebe festhalten wollen, sondern sie darf ihr nur einen Rahmen geben, in dem diese ihre ganze Kraft entfalten kann.

Viele meinen, für das Gelingen einer Paarbeziehung würde es reichen, dass man sich liebt. Das trifft nicht zu. Eine der grundlegenden Einsichten, die wir durch das Familienstellen gewonnen haben, ist, dass zur Liebe eine gewisse Ordnung kommen muss, dass die Liebe in eine Ordnung eingebettet sein muss, damit eine Paarbeziehung auf eine gewisse Dauer gelingt – wobei es letztendlich nicht in unserer Hand liegt, wie lange das geht. Ein Bild, an dem man das deutlich machen kann, ist das Bild vom Fluss. In diesem Bild wäre die Liebe das Wasser und der Fluss mit seinem Flussbett und den Ufern die Ordnung.

Wenn man nur das Wasser hat, denn versickert das relativ schnell. Es braucht eine Begrenzung, damit es wirklich fließen kann. Diese Begrenzung und der Fluss reiben sich aneinander, aber letztendlich fügt sich das Wasser der Landschaft. Aus dem Sich-Fügen entsteht mit der Zeit der Fluss. So ist es auch in einer Partnerschaft. Ohne dass bestimmte Begrenzungen gesehen und auch grundsätzlich geachtet werden, kann eine Partnerschaft nicht gelingen. Natürlich gelingt sie auch nicht, wenn kein Wasser fließt. Man muss beide Seiten sehen.

In den Beiträgen dieses Buches beschreibe ich die wichtigsten Ordnungen, wie sie sich beim Familienstellen gezeigt haben, einige der Verknüpfungen zwischen der Familie, aus der wir stammen, und Probleme in Paarbeziehungen, und gehe auf Fragen ein, die mir zu diesen Themen in Seminaren und bei Vorträgen gestellt wurden.

Der Kontext, in dem die Beiträge entstanden sind, ist das Familienstellen nach Bert Hellinger. Das Familienstellen ist eine in den neunziger Jahren sehr populär gewordene Methode, mit der untergründige Dynamiken in Familien und anderen Systemen ans Licht gebracht werden und Lösungen für viele Problemlagen gezeigt werden können. Dabei werden, zumeist in Seminaren mit rund zwanzig Teilnehmern, fremde Personen als Stellvertreter für eigene Familienmitglieder genommen und im Raum „aufgestellt" – das heißt, die Person, die für ein Problem (das vordergründig nicht ein Familienproblem sein muss) eine Lösung sucht, stellt diese Stellvertreter nach ihrem momentanen Gefühl an einen beliebigen Platz. In der Folge nehmen die Stellvertreter die tatsächlichen tieferen Gefühle der – ihnen unbekannten – Familienmitglieder wahr, für die sie stehen, und verdeutlichen so die innere Dynamik eines Systems, unbewusste Verstrickungen zwischen Systemmitgliedern (die über mehrere Generationen reichen können) und geben klare Hinweise auf Lösungen für die Betroffenen. Auf die Fragen und vielfältigen Einsichten, die sich daraus ergeben, kann ich hier nicht umfassend eingehen. Interessenten möchte ich auf mein Buch „Liebe, die löst: Einsichten aus dem

Familienstellen" verweisen, das in Kürze im Carl-Auer Verlag erscheint. Ich gehe aber auch im vorliegenden Buch auf viele Fragen zum Familienstellen ein, soweit sie für das vorliegende Thema bedeutsam sind.

Für das Thema Paarbeziehungen zeigt sich zum Beispiel, welche Ordnungen innerhalb einer Partnerschaft, zwischen aktuellen und früheren Partnern und zwischen Partnern und Kindern wichtig sind; als zweite Ebene wird deutlich, auf welche Weise und in welchem Ausmaß Verstrickungen in den Herkunftsfamilien des Paares in die Paarbeziehung hineinwirken und wie dies gelöst werden kann.

Beide Ebenen werden in den folgenden Beiträgen angesprochen. Ich folge dabei nicht einer logischen Systematik, sondern dem lebendigen Fluss von Frage und Antwort, wie er sich im Kontext konkreter persönlicher Anliegen ergeben hat. Der Text dieses Buches ist gesprochen, nicht geschrieben. Alle Texte, auch die längeren, sind spontan aus der Situation heraus gesprochen; die längeren als freier Vortrag zu einem bestimmten Thema vor oder nach einem Kurs, die kürzeren im direkten Gespräch mit Seminarteilnehmern. Für dieses Buch wurden die Texte thematisch geordnet und sprachlich etwas gestrafft und bearbeitet, ohne ihren Sprechcharakter zu verändern.

1

Liebe und Ordnung in Beziehungen

Das Männliche und das Weibliche

Männer und Frauen sind verschieden. Das Grundlegende in einer Beziehung ist, dass man diese Verschiedenheit achtet und nimmt, wie sie ist. Das hört sich leichter an, als es tatsächlich ist. Wir wissen zwar, dass Männer und Frauen verschieden sind, aber wir erleben es erst, wenn wir länger mit einer Frau beziehungsweise mit einem Mann zusammenleben. Erst in einer längeren Partnerschaft wird uns deutlich, was das heißt, dass wir verschieden sind. Dann fangen wir nämlich an zu bemerken, dass die Frauen sich manchmal auf eine Art und Weise verhalten, die in keinen Männerkopf hineingeht. Umgekehrt natürlich auch. Die Frauen denken, so blöd kann man doch nicht sein, wie diese Typen sich anstellen. Es ist gerade heute in unserer Kultur üblich, dass die eine Seite sich über die andere deshalb lustig macht und die andere runtermacht. Das ist in einer Partnerschaft ziemlich tödlich.

Wer dieses Spiel nicht mitmachen will, versucht meistens, den anderen unbedingt zu verstehen. Dazu gibt es viele Bücher, die man lesen kann. Wo Frauen lesen können, wie Männer fühlen, oder wo Männer lesen können, wie Frauen fühlen und wie man sich darauf einstellt. Und dann redet man miteinander, damit der andere einen doch versteht. Man meint, in einer Partnerschaft müsste man das dann intensiv miteinander bereden, damit man den anderen versteht und damit der andere mich versteht.

Achten heißt nicht Verstehen

Das funktioniert nicht. Frauen verstehen Männer nie – und Männer verstehen Frauen nie.
Wenn man das wirklich einmal nimmt, dann heißt das, ich muss da mit einem Menschen zusammenleben, den ich liebe, den ich

aber grundsätzlich nicht verstehen werde. Und wenn man darauf verzichtet, den anderen verstehen zu wollen, dann kehrt so etwas wie Demut in die Partnerschaft ein. Dann beugt man sich der Tatsache, dass wir nicht nur dies, sondern viele Dinge im Leben nicht verstehen. Wenn man das akzeptiert, fängt man an, den anderen zu achten. Achtung beginnt nämlich da, wo ich den anderen nehme, wie er ist, obwohl ich ihn nicht verstehe. Wenn ich ihn verstehen und das alles kapieren kann und alles auch für mich nachvollziehbar und sinnvoll ist, was er macht, dann brauche ich ihn nicht mehr zu respektieren, zu achten. Dann sind wir nämlich einigermaßen auf einer Linie.

Die gegenseitige Achtung von Mann und Frau beginnt da, wo wir Männer anfangen zu begreifen: Die Frau ist für uns wirklich ein geheimnisvolles Wesen. Und wo die Frauen einsehen: Der Mann ist für uns wirklich ein geheimnisvolles Wesen. Wenn man dahin kommt, dann fängt eine zehn- oder zwanzigjährige Partnerschaft an, immer noch spannend zu sein. Weil man immer noch von diesem Geheimnis umgeben ist.

Das wäre das Erste, was ich vorschlagen möchte – und das ist nicht so ganz leicht –, dass wir in einer Partnerschaft aufhören, den anderen verstehen zu wollen. Wenn ihr das macht, werdet ihr sofort merken, dass da ganz viele dicke Knöpfe bei euch gedrückt werden; dass ihr da mit jemandem in Liebe verbunden seid, der so ganz merkwürdig ist, und der hier und da ganz anders ist.

Das bedeutet es, zu sagen: „Ich nehme dich, wie du bist." Wir wollen alle in einer Partnerschaft genommen werden, wie wir sind. Jeder erwartet das von seinem Partner, jeder sagt: „Ich möchte, dass du mich so akzeptierst und so nimmst, wie ich bin." Meistens läuft das Spiel in Auseinandersetzungen so, dass man sagt: „Wenn du mich so nimmst, wie ich bin, dann akzeptiere ich dich auch." Aber man muss bei sich selber anfangen.

Das andere Spiel funktioniert nicht. Wenn man vom anderen verlangt, dass der einen so nimmt, wie man ist, bedeutet das ja, dass ich es gerade *nicht* machen will. Dass ich mich gerade nicht verändern will, das ich gerade nicht auf ihn eingehen will. Ich erwarte, dass *er* irgendetwas in seiner Haltung ändert, damit *ich* mit ihm zusammenbleiben kann. Damit es funktioniert, muss es aber andersherum gehen. Ich muss bei mir anfangen.

Dieser Satz „Ich nehme dich, wie du bist" beinhaltet, dass ich ihn mit all seinen rätselhaften, für mich nicht nur nicht verstehbaren, sondern manchmal schlicht unmöglichen Arten und Weisen nehme. Ihr könnt das ja in eurer Partnerschaft mal ausprobieren, dass ihr euch wirklich fragt: Stimmt es für mich? Bin ich bereit, diese Frau oder diesen Mann, so wie sie ist, so wie er ist, als meine Frau, als meinen Mann zu nehmen?

Manchmal ist es auch so, dass man sich selber dem Partner, so wie man ist, nicht zumuten möchte. Auch das ist wichtig. Es geht nicht nur darum, den anderen zu achten, wie er ist. Es ist auch wichtig, sich selbst zu achten, wie man ist. Eine wichtige Ergänzung zu diesem „Ich nehme dich, wie du bist" ist also: „Ich gebe mich dir so, wie ich bin". Dazu gehört allerdings, dass man die Grenzen des Partners sowie seine eigenen Grenzen achtet. Ich rede hier also weder gegenseitiger Rücksichtslosigkeit noch einer Duldsamkeit das Wort, die alles über sich ergehen lässt, was der andere macht. Die Achtung des anderen ist durchaus vereinbar mit einer Selbstachtung, die sagt: „Hier ist meine Grenze, die darfst du nicht überschreiten." Wer dies nicht wagt, wird nicht geachtet – weil er sich selbst nicht achtet.

Mann und Frau werden sich gleich, wenn sie gegenseitig das Verschiedene in sich achten. Das gilt übrigens nicht nur für Mann und Frau, sondern das gilt auch für den gesellschaftlichen

Bereich über die verschiedenen Kulturen, die sich bekämpfen. Wir können als Menschen zusammenleben, wenn wir anfangen zu achten, dass wir alle verschieden sind. Das, was die Gleichheit ausmacht, ist, dass wir alle verschieden sind. Dass wir uns darin sehen, achten und respektieren. Was wir üblicherweise zu tun pflegen ist, dass wir versuchen, den anderen uns gleich zu machen. Wir sagen: „Wenn du so bist, dass ich es wenigstens verstehen kann, dann kann ich dich respektieren, dann kann ich dich lassen".

Dahinter steckt natürlich auch eine tiefe eigene Unsicherheit. Dahinter steckt, dass ich auch selber mit mir nicht in Einklang bin. Denn wenn ich mit mir in Einklang bin, wenn ich zu mir stehe und ohne Überheblichkeit sagen kann: „So, wie ich bin, bin ich in Ordnung", dann stört es mich auch nicht, wenn der andere anders ist. Das heißt, es steckt auch immer ein Selbstzweifel, ein Minderwertigkeitskomplex oder Ähnliches dahinter, wenn ich für mich das bei mir nicht sagen kann. Dann kann ich nicht ertragen, dass der andere anders ist, denn das stellt mich selber in Frage.

Männer dürfen Männer sein, Frauen dürfen Frauen sein

Auf der Ebene der Partnerschaft und der Ebene von Mann und Frau bedeutet das, dass ich als Mann damit einverstanden sein muss, dass ich ein Mann bin. Dass ich mit dem Männlichen in mir in Einklang kommen muss. Für die Frauen bedeutet das, dass sie damit einverstanden sind, dass sie Frauen sind. Dass sie damit in Einklang kommen müssen.

Auch hier ist es wichtig, dass das nicht als Über- und Unterlegenheit gesehen wird. Dass dieses ständige Hin und Her aufhört: Wer ist denn nun das bessere Geschlecht? Das ist einfach

Schwachsinn! Es ist natürlich manchmal so, dass man sich hinstellt und sagt: „Ja, ich bin eine Frau, und Männer sind alle blöd". Es ist auch verständlich aus der geschichtlichen Entwicklung, wenn man aus der gesellschaftlich eher unterdrückten Position herauskommt, dass sich das dann umdreht. Aber es führt überhaupt nicht weiter. Der ganze Geschlechterkampf führt keinen Millimeter weiter. Das Einzige, was weiterführt ist, wenn Frauen sich einfach sagen: „Jawohl, ich bin einfach eine Frau mit allen guten und allen schlechten Seiten. Ich bin einfach eine Frau", und mit ihrer Weiblichkeit, ohne dass sie sich auf das Männliche beziehen, in Einklang kommen. Und für Männer, dass sie damit einverstanden sind, dass sie Männer sind.

In der Partnerschaft ist es natürlich auch wichtig, dass man das andersherum macht. Also, dass die Frauen damit einverstanden sind, dass die Männer Männer sind. Das ist nicht so selbstverständlich. Denn wenn man eine Zeit lang zusammenlebt – das ist so meine Beobachtung – dann wollen viele Frauen, dass die Männer halbe Frauen werden. Sie versuchen, ihnen das Männliche abzuziehen. Zumindest die männlichen Aspekte, die sie nicht für zeitgemäß oder für richtig halten. Das ist eine ganz große Falle, die in jeder Partnerschaft auftaucht, und die auch mit dem zu tun hat, was ich eben gesagt habe: mit dem gegenseitigen Achten und Nicht-Achten. Wenn ein Paar länger zusammen ist, fängt jede Seite an, den anderen erziehen zu wollen. Den anderen so hinkriegen zu wollen, wie ich ihn haben will. Dann wundert man sich nachher, wenn die Beziehung langweilig wird. Denn gerade das, was einen am Anfang angesprochen und interessiert hat, das habe ich ihm möglicherweise abdressiert. Dann ist er oder sie tatsächlich langweilig.

Natürlich funktioniert es nicht, denn keiner lässt sich gerne erziehen und jeder wehrt sich dagegen. Das kann aufhören, wenn ich als Mann mit dem Männlichen in mir in der Weise in

Einklang komme, dass ich dem ganz zustimme, und als Frau mit dem Weiblichen. Die Frage ist jetzt: Wie funktioniert das?

Das Männliche kommt vom Vater, das Weibliche von der Mutter

Es gibt eine sehr schöne Übung, die das verdeutlicht. Wir haben gestern im Seminar eine Teilnehmerin hier vorn hingestellt, und dann habe ich alle Frauen, die hier im Raum waren, sich in einer Reihe hintereinanderstellen lassen. Hintereinander – angefangen bei ihrer Mutter, dahinter stand jemand für ihre Großmutter, für die Urgroßmutter, für die Mutter von der, für die Mutter von der... Da standen dann also zwanzig Frauengenerationen hintereinander.

Die Teilnehmerin hatte vorher das Gefühl gehabt, ihre Mutter und ihre Großmutter hätten alles falsch gemacht, und sie würde das jetzt richtig machen, sie würde es besser machen. Als sie die Frauen da stehen sah, konnte sie das nicht aufrechterhalten, noch nicht einmal innerlich. Wir haben nichts gesagt. Als sie innerlich damit in Kontakt kam, hat sie sehr heftig geweint und konnte das nicht aufrechterhalten.

In dem Moment, wo man sich sozusagen in diese Reihe eingliedert und stellt, in dem Moment wird man erstens klein, das heißt, man überhebt sich nicht mehr über seine Vorfahren. Man sieht, dass man von denen kommt und durch das, was sie waren, überhaupt erst geworden ist. Zweitens wird man innerlich gestärkt, und zwar auf eine sehr ruhige Weise, kraftvoll. Diese Kraft kommt aus der Zustimmung. Das ist eine ruhige und sehr stärkende Kraft. Es ist nicht die Kraft, die aus dem Widerstand kommt. Die Kraft, die aus dem Widerstand kommt, führt früher oder später zur totalen Erschöpfung. Davon bekommt man vielleicht Muskeln – das sind die Leute, die dicke Muskeln haben, und wenn man mal richtig dagegen tippt, dann fallen sie in sich zusammen. Die wirkliche Kraft kommt daraus, dass man sich in den Strom des Lebens stellt.

In Bezug auf das Nehmen des Männlichen und des Weiblichen ist es so, dass eine Frau diese Kraft ausschließlich von ihrer Mutter bekommt – und von deren Mutter und deren Mutter. Sie wird immer über das Weibliche weitergegeben. Ein Mann bekommt diese Kraft von seinem Vater. Daher ist es wichtig, um mit dem, was wir sind, in Einklang zu kommen, dass wir uns unseren Eltern – und in dem Zusammenhang, den ich jetzt hier skizziere, insbesondere dem gleichgeschlechtlichen Elternteil – voll zuwenden. Dass wir alles, was der Vater oder die Mutter war, nehmen, so, wie wir es bekommen haben.

Viele suchen die Bestätigung für das eigene Geschlecht beim anderen Geschlecht. Ein Mann, der sehr viele Frauenbeziehungen hat, versucht, sich bei den Frauen, bei sexuellen Abenteuern, die Bestätigung zu holen, dass er ein toller Typ ist. Aber das können einem hundert und tausend Frauen nicht geben. Er mag dieses Gefühl kurzzeitig kriegen, aber er ist immer wieder versucht, sich diese Bestätigung wieder und wieder zu holen. Der Grund dafür ist, dass Frauen einem das nicht geben können. Das kann einem nur der eigene Vater geben. Da bekommt er die Kraft des Männlichen.

Bei Frauen ist es dasselbe. Frauen können die Bestätigung dafür, dass sie als Frauen etwas wert sind, nicht bekommen, indem sie viele Männer verführen und ihnen die Männer zu Füßen liegen. Wenn ihr euch bekannte Frauengestalten anschaut, die auf diese Weise gelebt haben, dann kann man sehen, dass die alle innerlich leer sind. Sie suchen nach etwas im Außen, was sie nur in sich bekommen können. In sich bekommen sie es, indem sie die Mutter in sich – die *in ihnen* ist – indem sie diese Mutter ganz in sich hineinnehmen. Dann kommt die Kraft des Weiblichen aus ihnen heraus.

Im Partner liebe ich dessen Familie

Was passiert nun, wenn wir uns eine Frau beziehungsweise einen Mann als Partner nehmen?

Wer sich einen Partner nimmt, oder wer sich in eine Frau verliebt, der verliebt sich – provokativ formuliert – immer in deren ganze Familie. Das glaubt man am Anfang nicht, aber es stellt sich nach einer gewissen Zeit heraus. Ganz deutlich wird es, wenn man Kinder bekommt. In dem Kind ist sowohl die Frau als auch der Mann verkörpert.

Es sind aber auch die Eltern der Frau und die Eltern des Mannes in diesem Kind verkörpert. Das heißt, das Kind führt sozusagen die Linie beider Familien weiter. Man kann sein Kind in der Tiefe nur dann wirklich ungeteilt lieben, wenn man das auch sieht und achtet, dass beide Seiten da drin sind und auch drin sein dürfen. Natürlich ist es in der Praxis oft so, dass man sagt: „Mensch, die ist genauso wie die Schwiegermutter, das ist ja schrecklich", aber was dem Kind dann passiert, ist Folgendes: Dem Kind passiert, dass es vielleicht äußerlich versucht, der Botschaft zu folgen – werde nicht wie deine Oma – und innerlich der Oma umso mehr treu ist. Denn in einem Kind sind diese Anlagen grundsätzlich vorhanden und beide Familien sind in ihm vereint. Wenn eine der beiden Herkunftsfamilien abgelehnt wird – was leider in Beziehungen ganz häufig passiert – und es gibt diesen Kampf „Das kommt aus deiner Familie, wie es sich jetzt benimmt, das kennen wir…" – dann leidet das Kind.

Das Kind trägt beide zu gleichen Teilen in sich, also muss es auch beiden Seiten in irgendeiner Weise treu bleiben. Es macht das dann so, dass es vielleicht im Außen der einen Seite treu bleibt und innerlich der anderen Seite. Das kann so weit gehen, dass es, wenn es sehr stark gezwungen ist, sich auf die eine Seite zu stellen, dann aus Loyalität die Krankheiten der anderen Familie übernimmt und über die Krankheit ausdrückt: In tiefer Seele bin ich auch euch treu.

Das ist etwas, was sich in den Familienaufstellungen ganz grundsätzlich zeigt. Dass alles, was in der Familie nicht genommen, nicht akzeptiert wird, was versucht wird, an den Rand zu drängen, sich auf eine pathologische Weise zeigt. Sei es, dass man die Krankheiten mit aufnimmt, sei es, dass man bestimmte Verhaltensmuster, die wirklich nicht besonders schön sind, unter der Hand mit aufnimmt und dann darin gefangen ist.

Das heißt also, wenn ich heirate, dann dokumentiere ich damit im Grunde: „Ich nehme dich", und wenn ich sage: „Ich nehme dich so, wie du bist", dann heißt das auch: „Ich nehme dich mit deiner Familie, und ich stimme dem zu." Darin liegt dann wirklich eine Tiefe und eine Größe, gerade auch, wenn die Familie des anderen durch dieses oder jenes belastet ist, und ich sage: „Okay, ich stimme dem zu."

Was passiert, wenn ich sage: „Ich nehme dich, aber deine Eltern sind Arschlöcher"? Der Partner wird seinen Eltern innerlich auf die Dauer treu bleiben. Er kann diese Spaltung nicht aushalten, kann es nicht aushalten, wenn der Partner die Eltern ablehnt. Diese Beziehung wird mit der Zeit mit absoluter Sicherheit auseinander gehen. Selbst wenn der Partner seine eigenen Eltern ablehnt, selber kritisch zu seiner Familie steht, wird er es nicht akzeptieren können, dass der andere über die Familie herzieht. Es ist also eine grundlegende Tatsache, dass wir mit einem Menschen auch dessen ganze Herkunft nehmen. Das macht diesen Satz „Ich achte dich, so wie du bist" noch ein bisschen gewichtiger.

Hochzeit als Nehmen und Lösen

In einer klassischen Hochzeit ist das sehr schön dargestellt und symbolisiert. Die modernen Hochzeiten laufen ja so ab, dass man seine Freunde einlädt und eine nette Feier macht, so wie eine Geburtstagsfete, nur ein bisschen größer. Eine klassische Hochzeit läuft so ab, dass da die Familien sind: die Onkel, die Tanten, die Eltern, die Großeltern. Da sieht man den ganzen Clan, den man jetzt heiratet. Darin zeigt sich das ganze Gewicht dessen, was man da tut.

Ich behaupte mal, dass man das heute nicht mehr so macht, weil man das nicht sehen will. Weil man lieber die Illusion aufrechterhält: Wir machen jetzt Partnerschaft und laden dazu ein paar Freunde ein. Wenn man beide Familien zusammen hat, da sieht man das, was wirklich passiert. Diese beiden Familien sind Lebensströme, da ist das Leben über Jahrhunderttausende in diesen Familien geflossen. Wenn ich mich jetzt mit einer Frau zusammentue, wird dieser Lebensstrom in unserem gemeinsamen Kind weitergehen. Jede Partnerschaft ist vom natürlichen Vorgang her grundsätzlich auf Kinder ausgerichtet – ob man jetzt welche bekommt oder nicht, sei mal dahingestellt. Im Grunde machte so eine traditionelle Hochzeit deutlich, dass tatsächlich diese beiden Familien in den Kindern jetzt zu einer Familie werden. Deswegen wäre es ganz gut, dieses Ritual beizubehalten.

Der andere Aspekt dabei ist noch, dass klassischerweise der Vater die Braut zum Mann führt. Damit gibt der Vater seine Tochter frei. Das ist ein ganz wichtiger Aspekt. Dass die Mutter ihren Sohn freigibt, gibt es, glaube ich, nicht. Das wäre noch wichtiger. Aber Mütter wollen ihre Söhne natürlich für ein Leben lang behalten. Mütter geben ihre Söhne nie frei. Deswegen müssen Söhne das selber machen. Sie werden nur zu Männern, wenn sie kraftvoll und bewusst an die Seite des Vaters treten und zu ihrer Mutter sagen: „Mama, hier ist der richtige Platz für mich", und ihr dabei in die Augen schauen. Das mache ich auch manchmal in den Aufstellungen, dass ich den Sohn an die Seite des Vaters stelle und ihn der Mutter sagen lasse: „Hier ist der richtige Platz für mich". Da bekommen viele Söhne weiche Knie. Das ist nicht leicht für sie. Sie haben nämlich dann Angst, dass die Mutter alleine steht und dass es ihr schlecht geht, und sie wollen sie nicht im Stich lassen. Es ist aber wichtig. Die Mutter wird von sich aus den Sohn nicht freigeben.

Hinter diesem Vorgang der Hochzeit und des Hinführens der Braut zum Mann steht auch eine grundsätzliche Ordnung: Das Spätere hat Vorrang vor dem Früheren – die Zukunft hat Vorrang vor der Herkunft.

Das bedeutet: Wenn ich eine neue Familie mit meinem Partner gründe, dann muss ich die alte Familie ganz verlassen. Ich kann sie innerlich aber nur ganz verlassen, wenn ich mit ihr im Reinen bin. Erst dann kann ich in die neue Familie hineingehen. Solange ich noch mit meiner Herkunftsfamilie hadere, bin ich durch viele Bande an sie gebunden. Im Reinen sein heißt: Ich achte mich als jemand, der aus dieser Familie kommt. Ich nehme das, was ich von meiner Familie bekommen habe, und bringe es in die neue Familie ein. Gleichzeitig achte ich das, was meine Partnerin aus ihrer Familie mitbringt und stimme zu, dass sie alles das, was sie ist und was sie aus ihrer Familie mitbringt, in die neue Familie hineinbringen kann. Das wäre der Idealfall, dann kann eine Beziehung gut gelingen.

Nicht-eheliche Lebensgemeinschaften

Wenn ein Paar über lange Zeit zusammenlebt und nicht heiraten will, bedeutet das in aller Regel, dass einer oder beide nicht wirklich bereit sind, „ja" zum anderen zu sagen. Man sagt: „Na ja, ich will mal mit dir zusammenleben, wir probieren es mal. Ich mag dich, aber es könnte ja noch jemand Besseres kommen, es könnte sich etwas ändern. Also lasse ich mir ein Hintertürchen offen."

Das ist, als wenn man gemeinsam ein Haus bezieht und bleibt auf der Schwelle sitzen. Man geht nicht ganz hinein, aber man will auch nicht draußen bleiben. Man kann zum Beispiel bei Aufstellungen mit Paaren, die lange zusammenleben ohne zu heiraten, sehen, dass bei einem Partner – manchmal auch bei beiden – eine tiefe Verletzung deswegen zurückbleibt, weil dieses „Ja" nicht ausgesprochen ist.

Beide erwarten eigentlich von dem anderen, dass er ein klares „Ja" sagt. Mit der Partnerschaft, in der nicht geheiratet wird, geht man keinem Problem aus dem Weg, das in einer Ehe auftaucht, aber man hat ein zusätzliches Problem. Das gilt zumindest dann, wenn die Partnerschaft auf Dauer angelegt ist und wenn Kinder kommen. In den Kindern wird noch einmal dieses „Jein" ausgedrückt, und die Kinder spüren das auch noch einmal, da sie keine Klarheit darüber haben, dass die Eltern wirklich zueinander stehen. Dass sie wirklich die Kinder des Vaters sind, der keine Rechte hat usw.. Wenn man schon vorhat, eine dauerhafte Beziehung einzugehen, ist es in aller Regel besser, es ganz zu machen, als auf diese halbe Weise.

Frühere Partner

Innerhalb von Beziehungen gibt es ebenfalls bestimmte Ordnungen, zum Beispiel eine, die sich nach der Zeit richtet. Es ist heute meistens so, dass der Partner, mit dem man zusammenlebt, nicht unbedingt der erste Partner ist. Was vielfach eine Partnerschaft scheitern lässt, ist das Ausklammern früherer Partner und früherer Beziehungen. Zur Gegenwartsfamilie gehören alle Partner, mit denen es eine wichtige Bindung gegeben hat.

Wenn ich zum Beispiel eine Frau heirate, die vorher schon einmal verheiratet war – oder nicht-verheiratet in einer Bindung war, zum Beispiel, indem sie von einem Mann ein Kind hat (oder sie hat von einem Mann ein Kind nur deshalb nicht, weil sie es abgetrieben hat) – dann gehören diese Männer zum Leben und zum Familiensystem der Frau mit dazu. Es ist wichtig, dass man sieht, ich bin der erste, der zweite oder der vierte Mann dieser Frau, bzw. die erste oder zweite oder vierte Frau dieses Mannes, und dass man nicht darüber hinweggeht.

Was dahinter steckt, ist Folgendes: Man hat diese Frau im Grunde bekommen, weil diese andere Beziehung gescheitert ist, man hat sie auf Kosten des früheren Partners. In der Seele ist es so, dass man das nur nehmen kann, wenn man die Person, die vorher da war, in ihrer Position achtet und respektiert. Man muss sehen, dass die Partnerin oder der Partner auch immer an eine Person vorher gebunden bleibt.

Geben und Nehmen

Ein anderer Ordnungsaspekt ist, dass es ein Gleichgewicht zwischen Geben und Nehmen geben muss.
Das ist etwas, was im gesamten menschlichen Leben wichtig ist.

Jede Beziehung setzt ein gewisses Gleichgewicht voraus. Instinktiv wissen wir das alle. Deswegen ist es so, dass, wenn jemand einem ein dickes Geschenk anbietet, man vorsichtig ist, ob man das annehmen soll oder kann, weil man instinktiv spürt, wenn jemand mir etwas Dickes schenkt, dann bin ich zu einer Gegenleistung verpflichtet. Manche setzen das auch bewusst strategisch ein. Wenn ich eine Frau zu einem feudalen Abendessen einlade, dann weiß jede Frau: Hallo, da ist etwas im Busch, der erwartet eine Gegenleistung. Oder wenn jeden zweiten Tag dreißig Rosen kommen, dann entsteht mit der Zeit ein innerer Druck, etwas dafür zurückzugeben. Das weiß jeder instinktiv. Sonst bleibt man beim anderen in der Schuld. Für eine Beziehung im privaten Leben – im Geschäftsleben läuft das ja auch so – ist es wichtig, dass Geben und Nehmen in einem ausbalancierten Verhältnis sind. Wenn der eine nur gibt, indem er beispielsweise sehr viel Geld verdient, und der andere gibt das Geld nur aus und gibt nicht wirklich eine Gegenleistung, dann geht diese Beziehung kaputt.

Es ist meistens so, dass die Person, die mehr genommen hat, die Beziehung verlässt. Und zwar deshalb, weil sie sich irgendwann nicht mehr in der Lage fühlt, das zurückzugeben. Derjenige, der viel gegeben hat, fühlt sich als der Betrogene, weil er sagt: „Ich habe dir doch alles gegeben. Du hast alles von mir bekommen, ich habe dir alles geschenkt und jetzt verlässt du mich." Aber es funktioniert deshalb nicht, weil die andere Person – irgendwann, wenn sie das Gefühl hat: ich kann das alles nicht zurückgeben – es nicht mehr mit ihrer Selbstachtung vereinbaren kann, in dieser Beziehung zu bleiben. Dann muss sie diese abbrechen.

Es ist also auf beiden Seiten wichtig, dass man darauf achtet, dass Geben und Nehmen im Gleichgewicht sind. Daraus resultiert auch, dass Geben nicht unbedingt seliger ist als Nehmen. Viele Leute, die gerne geben, die sich als großzügig oder als Helfer empfinden, haben große Probleme, von anderen etwas anzunehmen. Es ist aber so, dass ich, wenn ich von jemandem etwas annehme, diese Person durch das Nehmen auch achte; mein Respekt drückt sich darin aus, dass ich das Geschenk annehme. In dem Zusammenhang ist es auch wichtig, dass, wenn mir jemand etwas gibt, es viel besser ist, wenn ich sage: „Danke schön", als wenn ich sage: „Ach, das war doch nicht nötig. Um Gottes willen, so viel. Das kann ich ja gar nicht nehmen." Indem man das einfach annimmt, ehrt und achtet man den anderen. Dann kann man selber etwas geben.

Bert Hellinger hat dazu einen schönen Satz gesagt: Je größer der Umsatz im Geben und Nehmen ist, je mehr man nimmt und je mehr man gibt, umso reicher und voller ist eine Beziehung.
Man kann also diesen Ausgleich im Geben und Nehmen auf einem kleinen Level machen: Ich gebe nichts, also brauche ich auch nichts zu nehmen; oder auch umgekehrt – dann bleibt alles relativ mickrig. Oder man kann es auf einem großen Level machen. Man kann viel geben, dann muss man aber auch bereit sein, viel zu nehmen.
Manchmal verlangt das auch, wenn einer einem in der Beziehung etwas Negatives gegeben hat, dass man dem auch etwas Negatives zurückgibt. Das ist auch wichtig zum Ausgleich, sonst verliert man die Achtung, und auch der andere verliert die Achtung vor einem. Wenn man immer nur einsteckt, verliert derjenige, der austeilt, die Achtung vor der Person, die immer nur einsteckt. Man muss dann auch schon mal austeilen. Wobei es wichtig ist, dass man im Austeilen von Negativem ein bisschen unterhalb von dem bleibt, was der andere einem gegeben hat. Das ist wichtig, sonst steigert sich das Negative.

Das ist die Eskalation in Kriegen, wie wir draußen in der Politik beobachten können. Wenn ich ein bisschen unterhalb von dem Level bleibe, wenn ich den anderen spüren lasse, du kriegst auch was zurück dafür, das lasse ich mir nicht gefallen, aber ich bleibe ein bisschen unterhalb von dem Level, dann gibt es wieder eine Ebene, wo man sich begegnen kann. Dann hat der andere gemerkt: Das ist nicht so ein Schluffen, mit dem ich machen kann, was ich will. Er hat den Mut, sich mir zu stellen, aber er hat mir jetzt nicht so viel an Negativem zurückgegeben, dass ich jetzt wieder zurückschlagen muss. Er ist ein bisschen darunter geblieben und jetzt kann ich mich wieder mit ihm verständigen. Wenn ich aber noch einen draufsetze, dann geht die Spirale hoch, und der andere muss wieder zurückschlagen. Die Regel wäre: Im Negativen durchaus etwas zurückgeben, aber ein bisschen weniger. Beim Positiven darf man ruhig etwas drauflegen, dann steigert sich der Umsatz im Geben und Nehmen im Positiven.

Beziehungen wandeln sich

Ein Aspekt, den ich noch ansprechen möchte, ist, dass alles Leben und damit auch jede Beziehung der Wandlung unterworfen ist. Das ist in Beziehungen häufig ein großes Problem, dass man an einem bestimmten Bild der Beziehung festhält und nicht mit dem lebendigen Prozess, dass sich alles ständig verändert, geht. Das heißt für eine Beziehung, die Phase der Verliebtheit, die am Anfang ist, verschwindet irgendwann und es kommt etwas anderes. An dem Punkt kann man natürlich sagen: Das ist nicht das, was ich mir unter einer Beziehung vorstelle. Es ist nicht mehr so schön wie am Anfang, also suche ich mir einen neuen Anfang.

Wenn man die Sache so sieht, dreht man sich immer nur im Kreis und bleibt auf einem Level. Man geht nicht mit dem Wandlungsprozess des Lebens. Wir werden alle alt und das Leben ist ein ständiger Abschied von Altem und das Neue kann nur dann wirklich gut eintreten, wenn ich das Alte völlig hinter mir lasse. Es völlig hinter mir zu lassen heißt aber nicht, es abzuwerten, sondern es heißt: Ich nehme alles, was gewesen ist, und alles darf gewesen sein.

Wenn man es vom natürlichen Prozess her betrachtet, ist es so, dass wir im Mutterleib anfangen. Nach dem, was man darüber weiß, soll es da sehr schön sein. Aber die Natur nimmt darauf keine Rücksicht. Die Natur treibt uns aus dem Mutterleib heraus und wir haben nicht die Wahl, drin zu bleiben. Das ist ein Abschied, eine Phase ist vorbei und wir können nur dann in die nächste Phase gehen, wenn wir sie vollkommen hinter uns lassen.

Die Natur treibt uns dann auch über die Kindheit hinaus. Es ist für Jugendliche und Eltern, die das mit ihren Kindern erlebt haben, sehr heftig. Man weiß nicht mehr, wo man seine Glieder hinstecken soll. Man weiß nicht, was da in einem passiert. Man tut zwar so, als wenn man es wüsste, aber im Grunde genommen sind die zwischen zwölf und fünfzehn Jahren völlig desorientiert. Im Inneren vollzieht sich ein ganz tiefer Wandlungsprozess.

Jetzt kommen wir an den Punkt, dass wir uns als Menschen in unserer geistigen Entwicklung dem widersetzen und Kind bleiben können. Das passiert zumindest in der nächsten Phase, wenn wir über die Schwelle vom Jugendalter zum Erwachsenenalter gehen. Das ist in Bezug auf Beziehungen ganz wichtig. Viele wollen das Jugendalter beibehalten. Die Jugend ist die Zeit des Sich-Umschauens, des Experimentierens, des Ausprobierens, des Entdeckens – und das ist in der Jugend gut und richtig. Aber wenn man eine Paarbeziehung eingeht, kann man diese nicht auf diesem Punkt gründen, sondern man muss über eine Schwelle gehen. Diese Schwelle heißt, dass man sich auf jemanden verbindlich einlässt. Dann taucht auch darin wieder eine bestimmte Kraft auf. Und so geht es weiter, irgendwann sind wir alt und dann sterben wir. Das sind alles Wandlungen, das sind alles Prozesse. Was hinter dem Tod ist, wissen wir nicht. Aber auf jeden Fall ist es eine Markierung, wo wir in einen anderen Zustand übergehen, wie immer dieser Zustand sein mag.

Das Gleiche gilt auch für eine Beziehung. Eine Beziehung hat diese Wandlungsphasen und sie kann nur dann weiterleben, wenn man nicht am Anfang der Beziehung stehen bleibt und sie da festhalten will. Man muss auch diese Wandlungsphasen mitgehen, und erst wenn man sie mitgeht, entdeckt man, dass diese neuen Phasen ihre eigene Schönheit haben. Die entdeckt man nicht, wenn man an dem Alten festhalten will. Genauso wie man entdeckt, dass es seine eigene Kraft und seine eigene Schönheit hat, wenn man vierzig oder fünfzig ist, vielleicht auch wenn man siebzig ist. Aber man wird es nicht entdecken, wenn man siebzig ist und noch wie ein 40-jähriger oder eine 40-jährige herumlaufen will. Das merkt jeder, wenn er solche Leute anschaut. Das hat etwas Schräges. Das wissen wir alle, das spüren wir instinktiv.

Genauso ist es in einer Partnerschaft und einer Beziehung. Die wandelt sich und wenn man diesem Wandel zustimmt, dann taucht immer etwas Neues auf. Dann wird eine Beziehung nicht langweilig. Sie wird nur dann langweilig, wenn ich an dem Alten festhalten will, wenn ich das Alte immer wiederholen will. Das geht nicht. Ich kann es natürlich probieren, aber es ist fad und funktioniert nicht. Es funktioniert nur dann, wenn ich mit dieser Bewegung mitgehe. Denn diese Wandlungen sind letztlich die Art, wie sich das Leben bewegt, und deshalb bleibt eine Beziehung nur lebendig, wenn sie sich mitwandelt.

Wirkliche Liebe liebt das Wirkliche

Wenn wir diesem Wandel zustimmen, werden wir aber auch

selbst verwandelt. Das kann mitunter äußerst schmerzhaft sein, denn wir müssen dabei viele (Wunsch-) Bilder aufgeben und manchmal unsere tiefsten Überzeugungen sterben lassen. Sehr schön beschreibt dies der Philosoph und Psychotherapeut Wolfgang Giegerich: „Die Liebe ist das, was uns ein Gegenüber als ein Gegebenes und Gebendes, Schenkendes erfahren lässt. Nur die Liebe ist bereit, sich etwas geben zu lassen und sich von dem Gegebenen über seine Eigenart belehren zu lassen. Das Gegebene, das ist sozusagen die Definition für die ‚Erde‘, für den ‚Körper‘, die ‚Wirklichkeit‘. Überall, wo Liebe ist, ist sie Liebe zur ‚Erde‘; das gilt auch für die Liebe zu einem Menschen, denn was die Liebe in dem geliebten Menschen liebt, ist seine ‚Erde‘, seine Wirklichkeit und Gegebenheit. Dadurch unterscheidet sich die Liebe ja von dem Eigensinn, der Selbstsucht, dass sie dem geliebten Gegenüber nicht ein Idealbild überstülpt und nicht vorwirft, mit dem eigenen Ideal, das man von ihm hat, nicht übereinzustimmen. Liebe ist die Bereitschaft, leidend (und auch die Beglückung ist ein *pathein*) zu erfahren, wie der Geliebte wirklich ist, und den Schmerz dieser Erfahrung nicht als Einwand gegen den Geliebten zu verwenden… Immer liebt die Liebe das Wirkliche, einfach weil es wirklich ist, und wo sie das nicht täte, d.h. wo sie nur deshalb liebte, weil etwas mit den eigenen Wünschen übereinstimmt, wäre sie keine Liebe.“

Fragen und Antworten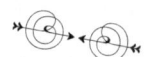

Gibt der Klügere nicht nach?

Teilnehmerin:

>   Du sagtest, dass es eine wichtige Grundlage ist, dass man den anderen so achtet und schätzt, wie er ist. Andererseits soll man ihm aber, wenn er einem etwas getan hat, ein bisschen etwas

zurückgeben, ein bisschen weniger als man eingesteckt hat. Das ist für mich schon ein Widerspruch. Wenn ich ihn ganz so annehme, wie er ist, muss ich ihn auch mit den Aktionen ein Stück weit annehmen, die ich jetzt für mich als negativ interpretiere. An welchem Punkt entscheide ich, jetzt muss er das irgendwie zurückkriegen, aber ein bisschen weniger?

Nelles:

Ich achte jemanden, indem ich ihm eine zurückgebe. Einer, der immer nur einsteckt, der achtet den anderen nicht. Vielleicht verachtet er ihn heimlich, weil er sich für besser hält, weil er meint, der andere ist ein schlechterer Mensch. Und er meint innerlich: Ich bin mir zu gut dafür, auch böse zu sein. Da steckt eine tiefe Verachtung dahinter.

Teilnehmerin:

Dieser Spruch „Der Klügere gibt nach" ist dann in diesem Punkt nicht ganz richtig?

Nelles:

Diese Aussagen haben immer ganz viele Ebenen. In dem Fall ist er insofern nicht ganz richtig, weil der Klügere, wenn er sich sagt: „Na ja, ich bin halt der Klügere", dann stellt er sich über den anderen drüber, und da ist eine heimliche Verachtung drin. Indem ich mich ihm auch in diesem negativen Austausch stelle, werde ich dem anderen ebenbürtig. In diesem Fall auch darin, dass ich zeige, ich bin auch nicht so ein guter Mensch, wie ich immer tue.

Wir kennen das: Wenn wir Leute haben, die nur demütig sind, die gehen einem dann so auf den Geist, dass man das Gefühl bekommt, die möchte ich mal so richtig verprügeln, damit ich endlich einmal sehe, was wirklich in denen drin ist. Man spürt, dass das nicht stimmt. Indem ich auch in der Weise mich dem anderen stelle, zeige ich, dass ich, auch wenn ich sonst anders bin, auf einer Ebene genauso bin wie er. Nicht besser. Wenn einer nur nimmt und das Gefühl hat: Ich habe das nicht mehr nötig – unterstellen wir einmal, er hat es tatsächlich nicht mehr nötig, er kann das so einfach nehmen – dann ist keine Beziehung mehr möglich. Dann geht die Beziehung auseinander. Dann braucht er keinen mehr.

Wenn einer nur einsteckt, ohne etwas zurückzugeben, dann kann er das nur aufrechterhalten, indem er sich innerlich als der bessere Mensch sieht. Das kommt in den Aufstellungen häufig vor. Meistens fühlen sich die Frauen als die besseren Menschen, weil sie mehr einstecken. Wenn man sie dann fragt: „Wer ist der Bessere von euch?", und sie ehrlich sind und sagen „Ich", dann ist das Problem im Grunde genommen schon gelöst. In dem Moment, wo man das sagt, merkt man, dass man auf eine ganz subtile Weise den Partner demütigt.

Ich erlebe das ganz klar in Beziehungen, wo geprügelt wird, in der das angebliche Opfer auf eine subtile Weise den anderen verachtet. Der andere spürt die Verachtung, weiß nicht, wie er damit umgehen soll, und schlägt. Womit ich nicht das Schlagen rechtfertigen will, aber der Mechanismus ist so. Wenn dieses Opfer sich einmal hinstellen würde und sich die Blöße geben würde, auch so ein Ferkel zu sein, dann gäbe es einen Ausgleich. Dann könnten sie sich gegenseitig wieder respektieren.

Teilnehmerin:

Wie bringe ich das jetzt in Einklang mit dieser christlichen Geschichte: Besser die andere Wange hinhalten?

Nelles:

Ich bin kein Christ.

Teilnehmerin:

Eh, ja…???

Nelles:

Es ist eine Philosophie, aber eine Philosophie, die in meinen Augen eben nur auf einem subtilen Überlegenheitsdenken funktioniert. Wenn man auf die normalen menschlichen Beziehungen schaut, ist diese Art von Demut in Wirklichkeit keine Demut. Dahinter steckt ein Überlegenheitsgefühl. Vielleicht führt das dann zu ganz extremen Reaktionen, wie wir sie im Moment in der Welt erleben können. Ich kann einen anderen auch dadurch demütigen, dass ich ihm ständig die Wange hinhalte: „Sieh mal, was ich alles einstecken kann! Sieh mal, wie demütig ich bin! Sieh mal, wie bescheiden ich bin." In meinen Augen ist es klar, es funktioniert nicht.

Mütter und Söhne

Teilnehmerin:

Ich komme mit deiner Aussage nicht klar, dass Mütter ihre Söhne nicht loslassen können.

Nelles:

Ich mache die Aussage mehr aus der Sicht des Sohnes. Aus der Sicht des Sohnes ist es so, dass er, um Mann zu werden, von der Mutter wegkommen muss. Wenn er nicht von der Mutter wegkommt, kann er nicht ganz der Mann seiner Frau sein. Man kann häufig sehen, dass Söhne meinen, nur so von der Mutter wegzukommen, indem sie sagen: „Mama, bitte erlaube mir, dass ich gehe" – das tun Mütter nicht.

Es gibt ein Buch von Robert Bly, das heißt „Eisenhans". Dieses Buch basiert auf dem Märchen „Der Eisenhans" von den Brüdern Grimm. Das Märchen erzählt, wenn man es ganz komprimiert, die Geschichte von einem wilden Mann, den alle fürchten, der in den Wäldern eines Königreichs lebt. Den

Soldaten des Königs ist es gelungen, diesen wilden Mann zu fangen. Er ist auf dem Königshof in einen Käfig gesperrt worden, damit alle ihn dort in seiner Gefangenschaft sehen können. Der Königssohn hat dort mit seinem Ball gespielt und der Ball ist durch die Gitterstäbe in den Käfig gefallen. Der Königssohn bittet ihn, ihm den Ball wieder herauszugeben, und der wilde Mann sagt: „Nur unter einer Bedingung: dass du mir den Schlüssel für den Käfig holst." Das geht dann so aus, dass der Junge schließlich, weil er seinen Ball unbedingt wiederhaben will, sagt: „Aber ich weiß ja nicht, wo der Schlüssel ist." Da antwortet der wilde Mann – er ist eigentlich das Symbol für das Männliche in diesem Märchen – „Der Schlüssel ist unter dem Kopfkissen deiner Mutter." Der Junge sagt: „Dann gehe ich zu meiner Mutter und bitte sie um den Schlüssel." Da sagt der Mann: „Den wird sie dir nicht geben. Du musst ihn dir stehlen."

Dann stiehlt der Junge den Schlüssel. Da er die Strafe der Eltern fürchtet, bittet er den wilden Mann, ihn mitzunehmen in die Wälder. Dieser stimmt zu und macht ihn dann zum stärksten Ritter. Schließlich kommt er zurück und heiratet die Königstochter und so weiter. Die entscheidende Geschichte ist, dass der Junge, um zum Männlichen – das ist ein Initiationsweg, den er mit diesem Mann macht – zu kommen, die Mutter aktiv verlassen muss.

Das ist die Arbeit des Sohnes und der Vater ist dabei, als Unterstützung. Von der Mutter her ist es wichtig, dass sie zustimmt, dass der Sohn zum Vater geht. Damit erleichtert sie ihm den Weg. Das kann man machen, auch wenn es schwer ist, indem man auf den Sohn schaut und sieht, dass in dem Sohn auch der Vater ist. In dem Sohn ist der Vater zu gleichen Teilen genauso verkörpert wie auch die Mutter.

Auf diese Weise kann man als Mutter – auch wenn es schwer war, beispielsweise wenn man Probleme mit dem Vater des

Kindes hatte – hingehen und seinen Sohn oder auch seine Tochter anschauen und sagen: „In dir liebe ich auch deinen Vater". Dann kann der Sohn, was er von der Mutter und vom Vater bekommen hat, in sich verbinden. Dann ist er auch nicht im Zwiespalt. Wenn aber ein Elternteil – häufig sind das in getrennten Beziehungen die Frauen, denn die Kinder wachsen meistens bei den Frauen auf – sagt: „Werde bloß nicht wie dein Vater", oder wenn sie ihm den Vater vorenthält, dann ist der Sohn innerlich in einem unglaublichen Konflikt. Dann passiert das, was ich eben angedeutet habe: Auf der äußeren Ebene bleibt das Kind der einen Seite treu und auf der verdeckten Seite bleibt es dem anderen Elternteil treu. Diese heimliche Treue ist dann meistens eine pathologische, indem man entweder anfängt, bestimmte negative Verhaltensweisen zu übernehmen, oder indem man anfängt, Krankheiten zu übernehmen.

Teilnehmerin:

Das Bild vom Eisenhans ist sehr anschaulich. Dieser Diebstahl, dieser Vertrauensbruch ist ein notwendiges Übel, dass der Sohn aus sich selber begehen muss?

Nelles:

Jein. Ich unterscheide mich da ein bisschen von Robert Bly. Der Sohn braucht das nicht gegen die Mutter zu begehen, er darf es nicht gegen die Mutter begehen, im Kampf gegen sie. Das hat nichts damit zu tun, jetzt, anstatt den Vater abzulehnen, die Mutter abzulehnen. Sondern es hat damit zu tun, dass der Sohn sich an die Seite des Vaters stellt, der Mutter in die Augen schaut und sagt: „Hier ist ein guter Platz für mich." Der Widerstand, den er dabei zu überwinden hat, ist manchmal gar nicht die wirkliche Mutter, sondern die Mutter in seiner Vorstellung. Er stellt sich nämlich vor, dass sie dann traurig ist, enttäuscht von ihm, sich vielleicht sogar verraten fühlt.

Manchmal wird sie tatsächlich zunächst etwas dagegen haben, aber wenn die Mutter den Sohn neben dem Mann sieht, dann kann sie auch das Männliche in ihm sehen, und dann kann sie ihn gehen lassen. Aber er muss den Schritt dazu tun, er darf nicht warten, bis sie ihn entlässt. Sonst wartet er bis zum Sankt Nimmerleinstag.

Die Mutter nehmen heißt nicht, von ihr lernen

Teilnehmerin:

Du hast angesprochen, dass man die Weiblichkeit, das Frau-Sein von der Mutter übernehmen soll, lernen muss. Was macht man in dem Fall, wenn die Mutter einfach nicht prä-sent ist und man es von ihr auch gar nicht übernehmen kann, weil auch sie es eigentlich gar nicht gelebt hat?

Nelles:

Das ist eine wichtige Frage. Man lernt das Weiblich-Sein nicht von der Mutter, man lernt das Männlich-Sein nicht vom Vater – man nimmt es von ihnen. Das ist ein großer Unterschied.

Die Angst ist, wenn der Vater zum Beispiel ein schwacher Mann war oder wenn er sogar Alkoholiker war – das sind ja meistens schwache Menschen – wenn ich mich jetzt zu sehr neben den Vater stelle oder an ihn anlehne, dann werde ich auch ein schwacher Mann. Aber auch ein schwacher Mann kann ein Mann sein. Es geht hier nicht darum, ein bestimm-tes Männlichkeits- oder Weiblichkeitsideal zu proklamieren. Sondern es geht darum, mit sich und seinem Geschlecht auf einer tiefen Ebene einverstanden zu sein. Wenn das die Mut-ter nicht war, dann kann man es nicht in der Weise von ihr lernen, dass sie es einem zeigt oder beibringt, oder dass man schaut, was hat sie gemacht. Das ist aber auch nicht das, was ich meine mit dem Nehmen; sondern man nimmt es in der Weise, dass man die Mutter nimmt, so wie sie ist. Wenn ich die Mutter wirklich ganz nehme, dann bin ich befreit von dem Zwang, so zu werden wie sie.

Bindung und Freiheit

Ich bleibe im Bann meiner alten Familie, wenn ich sie nicht so nehme, wie sie ist. Wenn ich aber diese Familie mit all ihren Grenzen annehme, und auch die Tatsache, dass ich an sie gebunden bin, dann habe ich – innerhalb dieser Grenzen, die mir gegeben sind und die ich nicht verändern kann... – zum Beispiel das Thema Juden und Deutsche: Ich kann nichts daran ändern, dass ich Deutscher bin, und ich bin auch in die Geschichte eingebunden, obwohl ich nicht dabei war. Das merke ich spätestens, wenn ich ins Ausland gehe. Genauso bin ich in meine Familie eingebunden. Wenn ich dem zustimme mit seinen Grenzen, dann kann ich mich innerhalb dieser Grenzen entwickeln. Die Grenzen bleiben aber.

Die Voraussetzung von Freiheit ist, dass ich die Grenzen anerkenne. Die Voraussetzung, dass der Fluss als Fluss existiert, ist, dass er begrenzt ist. Ansonsten würde er einfach versickern. Das Wasser kommt aus der Erde und verteilt sich und versickert. Es gibt keinen Fluss, es gibt keine Kraft, es gibt keine Bewegung zum Meer.

Wenn ich das nehme, was mir gegeben wurde, dann bin ich in diesen Grenzen frei. Wenn ich aber versuche, mich davon abzuschneiden, wenn ich das nicht nehme, dann bleibe ich im Bann. Das, mit dem ich kämpfe, mit dem bin ich mehr verbunden als mit allem anderen. Wenn ich gegen jemanden kämpfe, dann hängt er mir ständig im Nacken. Ich muss ständig an ihn denken.

In dem Sinne ist das Nehmen gemeint, dass ich einfach die Mutter oder den Vater nehme, ganz wie er oder sie ist.

Ihr als Paar könnt euch euren Kindern nur so geben, wie ihr seid. Als Eltern denkt man manchmal: Ich hätte meinem Kind dieses oder jenes nicht so gerne mitgegeben. Wir reden jetzt nicht nur von Verhaltensweisen, sondern manchmal ist es ja auch so, dass es irgendwelche genetischen Geschichten sind, manchmal sogar eine Erbkrankheit. Auch das kann man nicht weglassen. Wenn man dem zustimmt, stimmt man dem Leben zu, so wie es ist. Genauso konnten unsere Eltern uns nur das geben, was sie sind. Sie konnten sich nur so weitergeben, wie sie sind, und auch deren Eltern konnten es nur so weitergeben.

Wir können an diesem Prozess nichts ändern. Wenn man sich in diese Prozesse, in dieses Wissen und Bewusstsein, hineinstellt, dann ist man mit diesem Lebensfluss in Berührung. Dann bekommt man eine Kraft, weil man in diesem Fluss steht.

Frühere Bindungen

Teilnehmerin:

Du sagtest, dass man frühere Beziehungen würdigen soll. Fallen darunter auch diese ersten Verliebtheiten in der Jugendzeit?

Nelles:

Nein, das ist nicht so wichtig. Wichtiger sind andere Aspekte, zum Beispiel alle festen Beziehungen, die vielleicht im Streit auseinander gegangen sind.

Ich erinnere mich an eine Aufstellung mit einer Frau, die sagte, sie kommt mit ihrem Mann nicht mehr klar, irgendwas stimme nicht, er nehme sie nicht ernst. Ich habe das aufgestellt und dann haben alle Stellvertreter – von ihr, ihrem Mann und den beiden Kindern – herumgealbert. Wenn die so herumalbern, dann ist das ein Zeichen dafür, dass da irgendetwas verdeckt ist. Die nahmen sich alle nicht ernst. Zuerst habe ich gefragt: „Gibt es etwas Wichtiges, was du mir nicht gesagt hast?" Sie verneinte das. Dann habe ich gefragt: „Warst du einmal in einer festen Bindung, verheiratet, verlobt oder so etwas?" Da sagte sie: „Ach ja, ich war verheiratet, aber das war nichts Richtiges. Wir haben uns praktisch am Hochzeitstag schon wieder getrennt."

Da habe ich dann jemanden für den ersten Mann dazugestellt und dann zog es die Stellvertreterin sofort zu diesem ersten Mann hin. Und dann kam heraus, dass das eigentlich doch eine sehr verstrickte, etwas tragische Geschichte mit diesem Mann war. Beide wussten das zwar, auch ihr jetziger Mann, aber sie haben gemeint, dass es eine Verirrung oder Jugendliebe war – nicht wichtig.

Das funktioniert nicht. Da wird nicht gesehen, dass diese Frau schon einmal gebunden war. Der Mann hat diese Frau nur bekommen, weil die erste Beziehung gescheitert ist. Er hat sie sozusagen auf Kosten dieser ersten Beziehung und dieses ersten Mannes bekommen. Es ist ganz wichtig, dass das von beiden gesehen und respektiert wird. Als das in der Aufstellung klar wurde, kam sofort ein Ernst in die Sache hinein.

Beziehung und Bindung ist nicht etwas, was man kaufen kann – und wenn es mir nicht mehr gefällt, dann kaufe ich mir etwas Neues. Es ist ganz klar, dass wir hier erleben, dass Handlungen Folgen haben. Man kann diese Folgen nicht wieder ungeschehen machen. Was man nicht ungeschehen machen kann, ist zum Beispiel alles, was zu einer tieferen Bindung geführt hat. Eine Verliebtheitsgeschichte ist das in der Regel nicht. Sie ist es nur dann, wenn sie vielleicht an unglücklichen Umständen gescheitert ist. In der Generation der Eltern, wenn sich im Krieg beispielsweise ein deutscher Soldat in Frankreich, England oder in Russland in ein Mädchen verliebt hat und sie können nicht zusammenkommen, weil es Feindesland ist. Oder früher katholisch und evangelisch – das konnte oft nicht gehen. Dann bleibt so etwas wie ein Traum zurück und dieser Traum steht später immer zwischen diesem Paar. Dann kann so eine Jugendliebe eine Rolle spielen, aber sonst nicht.

Teilnehmerin:

Was ist denn eine feste Bindung? Wer gehört dazu und wer nicht?

Nelles:

Zunächst einmal alle Partner, mit denen man verheiratet ist oder war, verlobt oder in anderer Weise in einer auf Dauer angelegten Partnerschaft gelebt hat und eine geschlechtliche Beziehung hatte. Also Freunde oder Wohngemeinschaften oder Seelenpartner ohne geschlechtliche Beziehung gehören nicht dazu. Was bindet, ist in erster Linie die Sexualität.

Sie bindet aber nicht allein, also nicht jede sexuelle Beziehung führt zu einer Bindung, sondern in Verbindung mit einem Versprechen – wie Ehe oder Verlobung oder auch gemeinsamer Haushalt – oder in Verbindung mit der Zeugung eines Kindes. Also wenn die Sexualität tatsächlich fruchtbar wird. Dabei spielt es dann keine Rolle, wie flüchtig die Beziehung sonst war, noch nicht einmal, ob sie gewollt oder erzwungen war.

Die Frucht der Sexualität, also das Kind, ist die Bindung, in dem Kind sind die beiden Partner gebunden, weil sie beide im Kind vereint sind. Dabei ist es auch egal, ob das Kind zur Welt gekommen ist oder nicht (weil es zum Beispiel abgetrieben wurde).

Auch die Liebe spielt bei der Bindung eine Rolle, aber nur in Verbindung mit der Sexualität und erst an zweiter Stelle. Bindung und Liebe sind also nicht das Gleiche. Bindung gibt's auch ohne Liebe und man kann jemanden lieben, ohne eine Bindung einzugehen.

Teilnehmerin:

Was bedeutet das denn konkret, wenn ich jetzt mit meiner dritten festen Partnerin zusammenlebe?

Nelles:

Du musst in deinem Herzen jeder Frau den ihr zustehenden Platz geben. Indem du zum Beispiel zur ersten Frau innerlich sagst: „Du bist meine erste Frau und ich achte das, was uns verbunden hat. Du bist ein Teil meines Lebens und wirst es immer bleiben und ich stimme dem ganz zu, mit allem." Und zur zweiten Frau das Gleiche – der Satz ist ein Beispiel, keine Formel; wenn ihr ihn versteht, werdet ihr den Satz finden, der für euch passt. Es ist aber wichtig, dass er diese Wertschätzung ausdrückt, die Achtung, und dass ihr im Herzen dem Expartner einen Platz gebt. Im Herzen! Denn er oder sie hatte dort einmal einen Platz – und wenn nicht, sollte er ihn jetzt bekommen. Damit ehrt man auch diese Lebensphase.

Und was noch dazukommt: Die Partnerin müsste ebenfalls ihre Vorgängerinnen würdigen. Sie muss anerkennen, dass sie „nur" die Dritte ist und dies auch immer bleiben wird. Sie kann an den beiden Vorgängerinnen nicht vorbei und sie darf dies auch nicht wollen. Sie muss anerkennen, dass sie ihren Platz nur bekommen hat, weil die vorherigen Beziehungen gescheitert sind. In gewisser Weise profitieren spätere Partner also vom Scheitern der anderen und wenn dieses Scheitern mit viel Schmerz verbunden war, ist es gut, das zu würdigen.

Trennung

Teilnehmerin:

Gibt es auch eine positive Lösung aus einer Bindung – also ein Nicht-Scheitern und dennoch löst man sich? Und woran kann man das erkennen?

Nelles:

Das Ende einer Beziehung ist immer eine Art Tod. Das muss man sehen. Wenn man mit einem Mann oder einer Frau wirklich zusammengehen will, dann ist es immer mit einer langen Perspektive, eigentlich einer lebenslangen Perspektive, verbunden. Man möchte zusammenbleiben, das ist immer der innere Traum. Der ist da, und wir müssen auch sehen, dass das so ist. Wenn das zu Ende geht, wird es fast immer wie ein Scheitern oder wie ein Sterben erlebt. Genau wie bei einem Tod ist es wichtig, dass man nicht nach Schuldigen sucht, sondern dass man dann auch dieser Trauer über das Scheitern von etwas, was als großartiger Traum begonnen hat, Raum lässt. Wenn Beziehungen auseinander gehen, gibt es viele Anlässe, und man ist geneigt, die Schuld beim Partner zu suchen oder bei sich selbst. Häufig geht es darum, wer schuld ist. Eine gute Lösung setzt in aller Regel voraus, dass man diese Schuldgedanken aufgibt. Dass man sieht, es sind immer tiefere Geschichten wie Verstrickungen in der Herkunftsfamilie, dass man ein Muster übernimmt, was in der Familie schon seit Generationen da ist, oder ähnliche Dinge, die nicht gesehen werden, die aber im Unterbewusstsein in einer Beziehung wirken, die dazu geführt haben, dass die Beziehung an irgendeinem Punkt gescheitert ist. Wenn man das sieht, dann kann man auch auf eine am Ende friedvolle Weise auseinander gehen. Dann kann man dem auch einen Platz geben und sagen: Gut, die Beziehung hat so und so lange gedauert und dann war sie zu Ende. Dann gibt es noch etwas, was wichtig ist, wenn eine Beziehung auseinander geht oder wenn man aktuell in so einer Geschichte drin ist: Es hilft, der Beziehung einen guten Platz in seinem Leben zu geben, wenn man auf den Anfang schaut. Das Ende war meistens nicht so erfreulich und es hilft, dass man das nicht alles nur vom Ende her sieht – von dem Punkt, wo es nur noch Kampf gab –, sondern wenn man auf den Anfang schaut. Wenn man dann der Trauer Raum gibt, dass das, was sich am Anfang positiv, tief und schön entwickelt hat, irgendwann nicht weitergehen konnte, dann kann man auf eine versöhnlichere Art und Weise damit umgehen. Dann kann man auch zustimmen, dass diese Beziehung mit ihrem Positiven und Negativen zu meinem Leben gehört und das sie nicht so geendet hat, wie ich es mir gewünscht hätte. Da ist auch immer ein Stück Trauer mit dabei. Manchmal hilft ein einziges Wort: Schade.

Aber es ist nicht so, dass die Bindung nicht mehr existierte. Die Beziehung ist vorbei, aber Bindungen bleiben!

Wir werden geführt

Teilnehmerin:

Kann ich auch in Liebe jemanden gehen lassen?

Nelles:

Ich denke ja.

Teilnehmerin:

Es gibt einen Satz von Hellinger: Ich liebe dich und das, was dich und mich führt.

Nelles:

Das ist ein sehr schöner Satz. Deshalb wird das Buch, das ich gerade in dem Zusammenhang mache, heißen: „Wo die Liebe hinfällt". Womit ich auch so etwas Ähnliches ausdrücken will: dass nämlich nicht wir uns für eine bestimmte Person entscheiden oder dass wir uns einen Partner nicht in dem Sinne selbst aussuchen. Jeder, der genau hinschaut, der kann, wenn man ihn fragt: „Wieso hast du dich gerade in *die* Frau oder in *den* Mann verliebt?", nur antworten: „Das weiß ich auch nicht." Letztendlich ist es etwas, wo wir nicht wissen, wo es herkommt, was uns auf irgendeine Weise zusammenführt.

Das kann in einem Konflikt, wenn es schwierig ist, eine sehr große Hilfe sein. Wenn man sich innerlich da hineinbegibt, dass man sagt: „Ich liebe dich und achtete dich so, wie du bist. Und ich achte das, was uns führt." Damit stimmt man zu, dass das nicht unser Tun ist, sondern dass wir von irgendetwas Größerem bestimmt werden. In diesem Sinne kann man dann auch zustimmen, wenn es auseinander geht.

In einem anderen Zusammenhang habe ich das einmal so beschrieben, dass ich gesagt habe: Wir neigen dazu, zu glauben, wir würden unser Leben gestalten, und manche reden davon, dass sie einen Lebensplan haben und sich das eine oder andere nicht so wie in ihrem Lebensplan entwickelt hat. Nun müssen sie einen neuen Lebensplan machen. Wenn man genau hinschaut, ist das vollkommen absurd. Wir werden nicht gefragt und es liegt nicht in unserer Hand, ob wir geboren werden. Es liegt vollkommen außerhalb von uns. Wir wissen nicht warum und wieso. Es gibt Theorien darüber. Aber wenn man genau hinschaut, passiert es mit uns. Wir sind einfach von irgendetwas Größerem in diese Welt gesetzt worden. Diese Wandlungsstufen, die ich eben beschrieben habe, von Embryo zum Kind, zum Jüngling, zum Mann, die passieren auch mit uns. Die liegen nicht in unserer Hand. Irgendwann zwischen dreizehn und fünfzehn Jahren fangen die Hormone an zu tanzen und dann kommen wir zu dem Thema, wo wir heute darüber reden, und es liegt nicht in unserer Hand. Und das Ende liegt auch nicht in unserer Hand. Sowohl unser Anfang als auch unser Ende sind also – ohne dass ich irgendwelche konkreten religiösen, spirituellen oder esoterischen Vorstellungen dazu entwickeln muss – tatsächlich nicht in unserer Hand. Sie sind von irgendetwas, was uns übergreift, gesteuert. Wenn aber der Anfang und das Ende nicht in unserer Hand liegt, dann ist es im Grunde absurd anzunehmen, dass das, was dazwischen ist, in unserer Hand läge, und dass wir das planen könnten.

Wenn man das auf so eine Weise betrachtet, dann beugen beide sich etwas Größerem. Und dann kann man sich entspannt dem fügen, was passiert.

Wenn der Partner verstrickt ist

Teilnehmerin:
Wie gehe ich damit um, wenn ich das Gefühl habe, der Partner ist noch besetzt, hat seine Sache noch nicht wirklich beendet, und ich bekomme das zu spüren. Was kann ich da aktiv machen?

Nelles:
Gar nichts. Das Einzige, was du machen kannst: Du kannst achten, dass das so ist. Es geht sogar weiter: Eine Frau, die einen Mann auf Kosten einer anderen Frau nimmt, wo ein Mann vielleicht noch in Beziehung mit einer anderen Frau ist, wird nicht richtig neben dem Mann stehen können. Die hat innerlich ein schlechtes Gewissen. Wenn ich merke, dass der andere in etwas verstrickt ist, kann ich ihm natürlich sagen: „Ich habe das Gefühl, du bist irgendwie nicht ganz anwesend." Wenn man aber anfängt, ihn dazu bringen zu wollen, dass er etwas ändert oder etwas löst, dann wird er sich sträuben. Du musst dir das nur einmal umgekehrt vorstellen: Wenn du mit irgendetwas innerlich noch nicht klar gekommen bist und dein Partner kommt und sagt: „Ich will jetzt aber...", „Du musst jetzt aber...", dann sträubst du dich auch dagegen.

Man muss sich überprüfen, ob es einem genügt, den Partner halb zu nehmen, ihn auch so zu nehmen, mit dieser Art Abwesenheit, so wie er da ist. Oder ob man sagt: „Das kann ich nicht, das möchte ich nicht. Ich ziehe dann lieber die Konsequenz zu gehen." Das kann man bei sich selbst überprüfen, aber man darf den anderen damit nicht unter Druck setzen, indem man ihm sagt: „Also wenn du das jetzt nicht löst, dann gehe ich." Das funktioniert so nicht, es lässt sich niemand unter Druck setzen. Wenn so etwas auftaucht, ist es letztendlich die Frage: Liebe ich die Frau oder den Mann? Bin ich bereit, dieser Liebe treu zu bleiben?

Mein Erleben ist, dass man in einer längeren Beziehung unweigerlich an diesem Punkt kommt. Das hängt dann auch wieder mit dem zusammen, dass der andere anders ist, als wir uns das vorstellen. In diesem Andersein sind manchmal eben auch solche Belastungen mit drin. Zum Beispiel, dass ein Mann den frühen Tod seiner Mutter nicht verwunden hat, als er noch ein Kind war, und dass er so auch immer in der Frau ein Stück die Mutter sucht oder dass er sie in anderen Frauen suchen geht.

In der Liebe ist man hilflos

Dann ist die Frage, wenn ich diesen Mann liebe: Bin ich bereit, ihn auch so zu nehmen? Wenn ich bereit bin, ihn auch so zu nehmen, dann besteht eine Möglichkeit, dass er sich ändert. Er ändert sich nur, wenn er nicht dazu gedrängt wird. Dann besteht die Möglichkeit, dass er merkt, da ist ein Raum da und in diesem Raum kann ich mich ändern. Für einen selber heißt das, dass die Liebe und das Treubleiben zur Liebe in einer solchen Beziehung einen dazu bringt, dass man innerlich verwandelt und geläutert wird. Wenn wir dann sagen: So geht es nicht weiter, und dann gleichzeitig merken, dass wir den Partner trotzdem noch lieben, dann merken wir, das wir der Liebe am Ende gegenüber völlig hilflos sind. Wenn wir der Liebe zustimmen, sind wir hilflos und sehr verletzbar.

Deswegen weichen wir solchen Gefühlen wie Liebe und Trauer, welches die wirklich tiefen Gefühle sind, nach Möglichkeit aus. Wenn ich meiner Liebe zustimme und ich merke, ich liebe den Kerl immer noch, auch wenn er noch so unmöglich ist, dann passiert Folgendes: Mein inneres Bild wird geändert.

Wir haben alle Ideen, wie die Partnerschaft zu sein hat – wenn wir Frauen sind, wie der Mann zu sein hat, wenn wir Männer sind, wie die Frau zu sein hat. Ich komme in einer langen Partnerschaft immer an einen Punkt, wo dieses Bild, das ich habe, diese Vorstellung, wie es richtig ist, mit der Realität nicht mehr zu vereinbaren ist. An dem Punkt versuche ich, den anderen zu verändern, damit ich meine Vorstellungen retten kann und damit ich mich selber nicht ändern muss.

Alles Reden, damit der andere einen versteht, hat nur den Zweck, dass der andere sich ändert, damit ich mich nicht ändern muss. Damit ich an meinem Bild festhalten kann. Wir kommen an den Punkt – und der ist sehr schmerzhaft –, wo wir entscheiden müssen, ob wir der Liebe treu bleiben oder unseren Ideen. Am Anfang haben wir die Neigung, unseren Ideen und Vorstellungen treu zu bleiben und sie auf jeden Fall durchzusetzen. Das Sterben unserer Ideen und Vorstellungen ist auch ein Sterben des Ego.

Was passiert, wenn wir in einer längeren Beziehung sind und der Liebe treu bleiben? Dann stirbt unser Ego und dann ändern wir uns. Das ist ein guter Prozess und das tut weh. Auf diese Weise verwandelt uns das Treubleiben zur Liebe – solange sie da ist. Es kann auch sein, dass sie stirbt oder dass es ein natürlicher Zyklus ist, dass es vorbei ist. Aber solange sie da ist, bewirkt das, dass wir uns innerlich weiterentwickeln. Denn diese Wandlung ist im Grunde eine Entwicklung und ein Reifungsprozess.

Der Fluss

Teilnehmerin:

Ich habe Schwierigkeiten mit deinem Bild vom Fluss. Der Fluss und die Reibung des Bettes, sagen wir mal, das eine ist Mann und das andere Frau, und das Gemeinsame ist das Fließen. Dann kommt ja an den Rand auch manchmal Sand und dieser Sand ist für mich jetzt der Mann…

Nelles:

Ich fühle mich nicht als Sand…

Teilnehmerin:

… Ich habe das Gefühl, ich werde dann immer leerer, denn der fließt ja da raus. Ich muss mich höchstens so doll reduzieren, aber der Fluss ist ja beides.

Nelles:

Alle Bilder haben ihre Unschärfen, ich will mit dem Bild nicht alles erklären. Ich habe dieses Bild gebracht, um grundsätzlich zu sagen, dass Freiheit nur funktioniert in einem Zusammenspiel mit Ordnung und Struktur. Das scheint mir wichtig, weil wir heute diesen einen Aspekt, weil er lange Zeit vielleicht auch überbetont war, zum Teil völlig vergessen haben. Dass wir meinen, wir könnten darüber hinwegsehen.

Jeder Fluss kann mal über das Ufer treten, aber er wird wieder ins Flussbett zurück müssen, sonst ist er kein Fluss mehr, sonst versickert alles. Dafür habe ich das Bild genommen.

Wenn die Eltern das Kind nicht lieben

Teilnehmerin:

Man muss die Eltern anerkennen, um sich von ihnen loslösen

zu können. Was ist denn, wenn die Eltern das Kind nicht anerkennen, nicht lieben? Wenn sozusagen das Kind die negative Projektionsfläche der Familie ist? Das kann man ja schwer anerkennen als Kind.

Nelles:

Doch, kann man. Ich muss zwei Sachen korrigieren. Es geht nicht darum, dass man die Eltern anerkennt, wie sie sind, um sich lösen zu können. Sondern man muss die Eltern nehmen, wie sie sind, weil es so ist! Man muss am Ende die Eltern nehmen und zwar ganz und voll in sein Herz nehmen, weil man sonst sich selber nicht nehmen kann.

Der Vorgang, den ich beschreibe, ist nichts anderes als eine schlichte Tatsache. Du bist das Kind deiner Eltern, in dir sind deine Eltern und in dir wirken deine Eltern fort, existieren sie auf eine gewisse Weise fort. Du bist nichts anderes als deine Eltern.

Solange du mit deinen Eltern haderst, sie anders haben willst, bist du nicht mit dir selber im Einklang. Das ist ganz einfach.

Was ich eben gesagt habe, hat weder einen moralischen Zusammenhang, noch hat es etwas damit zu tun, was gerecht oder ungerecht wäre. Es hat nur etwas mit dem Faktischen zu tun.

Teilnehmerin:

Aber wenn die Mutter das Kind nicht liebt, wie kann man das akzeptieren?

Nelles:

In einer Aufstellung geht es meistens. Es ist schwer, wenn man das so gesagt bekommt. Aber es geht meistens, denn dann sieht man zum Beispiel, dass die Mutter das gleiche Schicksal hatte. Das setzt sich fort. Dann kommt man mit der Mutter in Verbindung. Das Spiel läuft so, auch in Beziehungen: Ich würde dich ja akzeptieren oder nehmen, wie du bist, wenn du mich so nimmst, wie ich bin. Aber dieses Spiel hat nie ein

Ergebnis. Ein Ergebnis hat es nur, wenn ich andersherum anfange, wenn ich anfange, den anderen zu nehmen – auch in der Partnerschaft.

Teilnehmerin:

Nur dass in der Partnerschaft der Partner schon ein erwachsenerer Mensch ist als in der anderen Beziehung (zu den Eltern).

Nelles:

In der anderen Beziehung ist es aber dasselbe, das Kind hat eigentlich dadurch, dass es ist... dadurch, das ich bin, habe ich meine Eltern schon genommen. Aber in meinem Kopf, in meiner inneren Haltung, will ich diesen Vorgang, der tatsächlich passiert ist, will ich diesen Vorgang nicht nehmen, will den ablehnen. Damit bleibe ich in einer Spaltung zu meinem eigenen Leben. Mit den Argumenten, warum das schwer ist, verstärke ich die Spaltung.

Tatsache ist, dass es geht. Das kann man in einer Aufstellung sehen. Man kann zu den Eltern hingehen, weil man in der Tiefe sieht, was der wirkliche Prozess ist. Es geht nur um das Anerkennen von einem wirklichen Prozess. Es geht nicht um irgendwelche moralischen Vorstellungen. Es geht um Anerkennung von Wirklichkeiten, denen wir ausgeliefert und unterworfen sind – und der wirkliche Prozess, der ist so. Ich habe die Eltern schon genommen, denn sonst würde ich nicht hier sitzen. Und nur hier (tippt sich an die Stirn) meine ich, mich davon absetzen zu können und zu müssen. Das produziert die Spaltung und in dieser Spaltung fühle ich mich nicht wohl und komme letztendlich nicht zu mir selber. Ich komme zu mir selber, indem ich das, was tatsächlich ist, ganz nehme und es so sein lasse. Das ist mehr als akzeptieren.

Einander verstehen

Teilnehmerin:

Wenn ein Mann und eine Frau so unterschiedlich sind und diese Wörter für sie auch eine andere Bedeutung haben, wie kommt man dann zusammen? Denn auch nach einer längeren Beziehung hat man kein Verständnis dafür, was der andere meint, wenn er diese Wörter benutzt.

Nelles:

Indem man darauf verzichtet, ihn verstehen zu wollen. In einem Fall wie deinem (die Frau ist schwarz und stammt aus New York, ihre Mutter aus Haiti): Du kommst aus einer ganz anderen Kultur, deine Wurzeln liegen ganz woanders. Jemand aus einer europäischen Kultur wird dich nicht verstehen können, letztendlich nie. Und du wirst jemanden, der aus einer europäischen Kultur kommt, letztendlich nie verstehen können. Das kann nur dann gelingen, wenn ihr auf das Verstehen verzichtet.

Das kann gelingen, wenn man auf die Liebe schaut. Aber das ist dann sehr schmerzhaft. In dem Verzicht auf das Verstehen-Wollen lässt man den anderen, wie er ist. Im Verstehen-Wollen will man ihn sich angliedern, sich einverleiben. Bei euch, in eurer Schwarz-Weiß-Partnerschaft, kann man sozusagen das, was in der Welt insgesamt vorgeht, in der Partnerschaft erleben.

Wir haben ja eine Entwicklung generell in diese Richtung. Früher war es ja eine Sensation, wenn jemand aus dem Dorf A jemand aus dem Dorf B heiratete, das war ja schon eine andere Kultur. Heute haben wir diese globale Kultur, wo das häufig ist, und damit wachsen auch die Anforderungen. Und damit ist es umso wichtiger, dass man auf diese Weise den anderen sein lässt, wie er ist.

Wenn man über die Beziehung hinausgeht... – alles, was wir

in der Familie oder Partnerschaft sehen, kann man auch auf der gesellschaftlichen Ebene oder der Weltebene anwenden. Da ist es so, dass ich, wenn ich in Afrika oder in Japan bin, feststellen kann: Je tiefer ich in diese Kulturen hineinkomme, umso mehr erkenne ich, dass ich sie nicht verstehe. Je tiefer du in die deutsche Kultur hineinkommst, umso mehr wirst du merken, dass du sie nicht verstehst und dass du anders bist. Der einzige Weg da raus ist, dass du nicht versuchst, sie zu verstehen, sondern dass du es einfach so lässt, wie es ist, und dass du es in seinem Anderssein achtest. Dann kannst du dich möglicherweise darin sehr wohl fühlen und diese Achtung auch zurückbekommen.

2

Familienbande und Beziehungsalltag

Bindungen an die Herkunftsfamilie

Beziehungen und Einflüsse aus der Herkunftsfamilie

Wenn eine Beziehung auseinander geht oder in Schwierigkeiten kommt, sind wir geneigt, nach einem Schuldigen zu suchen. Die Lösung sucht man oft in intensiven Gesprächen, in Beziehungsratgebern, in Vereinbarungen oder vielleicht auch in längeren Paartherapien. All dies setzt, damit es klappt, voraus, dass man das Problem auf der Kommunikationsebene – oder allgemeiner gesprochen, auf einer Ebene, auf die man einen willentlichen Einfluss hat – überhaupt lösen kann. Wenn die Ursachen des Problems jedoch auf einer ganz anderen Ebene liegen, die dem Bewusstsein normalerweise nicht zugänglich ist, scheitern diese Bemühungen. Und das ist bei den meisten Paarkonflikten der Fall: Die Ursachen liegen nicht in der Paarbeziehung selbst, oft auch nicht in der persönlichen Geschichte der Partner (etwa in deren Kindheit), sondern im Familiensystem der jeweiligen Herkunftsfamilie. Erst wenn man den Blick darauf lenkt, kann es auch zu Lösungen kommen.

Nun tun das vielleicht manche Paare, aber sie tun es zumeist in der Weise, dass sie zum Beispiel sagen: „Du bist genau wie deine Mutter und die konnte ich noch nie leiden. Stell das endlich ab!" So kommt man aber nicht zu einer Lösung, denn der Partner kann sich nicht gegen seine Eltern und seine Herkunft stellen, ohne dass es ihm schadet. Man muss den Blick also mit Liebe und Verständnis dorthin wenden.

Was wir aus der Herkunftsfamilie übernehmen und in unsere eigene Partnerschaft tragen, sind oft ganz schwere Schicksale, die wir – unbewusst natürlich – im Innern für unsere Vorfahren mittragen. Das muss gar nichts mit der Beziehungsthematik zu tun haben, um sich in heutigen Beziehungen auszuwirken. Zum Beispiel sind in Deutschland Millionen Familien am Ende des Krieges aus ihrer Heimat vertrieben worden – oft unter grausamsten Umständen. Unabhängig davon, wie dieser Vorgang politisch zu bewerten ist, ist er für die Betroffenen ein Trauma. Die Heimat ist in der Seele wie eine Mutter und die Vertreibung wird oft wie ein Wegreißen von der Mutterbrust erlebt. Dieser Schmerz ist so groß, dass er fast immer verdrängt wurde. Und zwar auf zweierlei Weise, die zunächst gegensätzlich aussehen, aber am Ende auf das Gleiche hinauslaufen: Entweder hat man versucht, alles zu vergessen, als nicht so wichtig oder als verdiente Strafe für die deutschen Gräueltaten abzuhaken und neu anzufangen, als ob man einfach nur umgezogen wäre, oder man hat die Heimat idealisiert und sie innerlich auch nach dreißig oder fünfzig Jahren noch nicht verlassen. Beides ist eine Verdrängung der Wirklichkeit. Die Wirklichkeit ist, dass man mit seinem Herz an der Heimat hängt und dass sie einem genommen wurde. Und diese Wirklichkeit will gesehen und mit ihrer ganzen schmerzhaften Wucht genommen werden. Sie muss einen Platz bekommen und zwar einen angemessenen Platz. Und angemessen ist weder ein Hinterbänkchen noch ein hoher Sockel. Die Folge dieser Verdrängung ist, dass in den Vertriebenenfamilien eine tiefe Sehnsucht nach der verlorenen Heimat herrscht, die über mehrere Generationen reicht.

Was hat dies nun mit unserem Thema zu tun?
Nun, wenn man ein Paar aufstellt, wo beide vielleicht in den fünfziger oder sechziger Jahren geboren sind, dann schaut oft ein Partner weit in die Ferne. Er nimmt den anderen kaum wahr. Und dann stellt sich eben oft heraus, dass er oder sie aus einer Vertriebenenfamilie stammt, und wenn man dann die alte Heimat aufstellt, brechen die Stellvertreter in einer Aufstellung in Tränen aus. Insbesondere bei Nachkommen von Sudetendeutschen habe ich oft erschütternde Szenen erlebt. Diese Nachkommen haben bewusst keine Verbindung mehr damit, aber in ihrer Seele wirkt der nicht verarbeitete Familienschmerz

fort und führt dazu, dass die verlorene Heimat wie eine alte Geliebte in die jetzige Beziehung hineinwirkt. Erst wenn dieser Liebe und dem Schmerz um den Verlust der Raum gegeben wird, der ihm zusteht, kann sich der Partner davon abwenden und sich ganz seinem jetzigen Leben zuwenden. In einer Aufstellung äußern dann die Stellvertreter oft: „Jetzt kann ich auch meine Frau (oder meinen Mann) sehen, vorher war ich irgendwo in der Ferne."

In der Beziehung hat dies sich vielleicht so dargestellt, dass ein Partner den anderen als abwesend, nicht ganz da, erlebt hat – sei es, dass der Partner nur innerlich nicht da war, sei es, dass es ihn auch äußerlich aus der Beziehung zog. Vielleicht hat auch der andere Partner schon resigniert und sich innerlich ebenfalls aus der Partnerschaft verabschiedet, indem er oder sie zu trinken begonnen oder Affären mit anderen gesucht hat. Auf der Kommunikationsebene, mit gutem Willen und mit Vereinbarungen ist dies nicht zu lösen. Denn in der Seele ist da, wo die Heimat war, quasi eine Leerstelle, die gefüllt werden will. Erst wenn dies geschehen ist, kann man nach vorne schauen, ohne innerlich ständig weggezogen zu werden.

Ich habe dieses Beispiel genommen, weil es vielleicht besonders überraschend ist und man nicht im Traum darauf käme, dass Paarkonflikte mit der Vertreibung der Eltern zusammenhängen – ich war jedenfalls sehr überrascht, als mir diese Zusammenhänge anfänglich begegneten. Es ist aber auch sehr häufig. Andere Verstrickungen aus dieser Zeit sind natürlich die ganzen Kriegsschicksale – der Tod junger Männer im Krieg, die oft schrecklichen Erlebnisse der anderen Soldaten, die den Krieg überlebt haben; der Tod von Frauen und Kindern bei Bombardierungen oder Vergewaltigungen von Frauen; schließlich die direkte Mitwirkung an den Verbrechen gegen die Juden, anderen Minderheiten oder auch an der Front. All dies wirkt sich auch heute noch in Familien und Beziehungen aus, auch wenn es persönlich „nur" unsere Eltern, Großeltern, Onkel oder Tanten betroffen hat, ja auch dann, wenn die Betroffenen schon längst tot waren, als wir geboren wurden.

Es müssen aber nicht solche großen kollektiven Schicksale sein. Ich bringe ein etwas einfacheres Beispiel. In einem Kurs war eine junge Frau mit einem wesentlich älteren Partner. Der Mann war Arzt und sie arbeiteten auch zusammen, wobei mir auffiel, dass die junge Frau dem Mann als Ratgeberin und Beschützerin diente. Bei der Aufstellung ihrer Herkunftsfamilie zeigte sich Folgendes: Sie war dreizehn, als ihre Mutter an Krebs starb. Ihrem Vater war der Tod der Frau zu viel, er war zu schwach, sich dem zu stellen und die Familie zu stützen. Dies übernahm die Tochter mit ihren dreizehn Jahren. In der Aufstellung sah dies so aus, dass Mutter und Tochter zunächst nebeneinander standen; dann wurde die Mutter zusehends schwächer, lehnte sich an die Tochter an, die sich nach Kräften bemühte, die immer schwächer und schwerer werdende Mutter zu halten. Schließlich sank die Mutter zu Boden und blieb wie tot dort liegen – die Tochter musste aufgeben. Sie kniete sich neben die tote Mutter, betrauerte sie kurz und robbte dann über den Fußboden zum Vater, der in der Zwischenzeit ebenfalls zusammengebrochen war. Dann versuchte sie, ihn aufzuheben, was aber nicht gelang. Da ich die Information hatte, dass der Vater nur drei Monate nach dem Tod der Mutter eine neue Frau ins Haus geholt (und später geheiratet) hatte, stellte ich diese Frau dazu und nahm die Tochter von ihm weg. An der Frau konnte der Vater sich leidlich festhalten, aber die Tochter war enttäuscht. Sie fühlte sich vom Vater verlassen. Als sie ihm auf meinen Vorschlag hin sagte: „Ich überlasse dich deiner neuen Frau. Ich verzichte darauf, dir zu helfen, denn ich bin die Kleine und du bist der Große. Ich bin deine Tochter und das bleibe ich, ich bin aber nur das Kind", war sie erleichtert. Zunächst fiel ihr der Satz schwer, aber dann war sie erleichtert. Ich habe ihr und ihrem Partner dann gesagt: „Jetzt passt auf, dass

ihr diese alte Geschichte nicht in eurer Beziehung wiederholt."
Die Beziehung war noch recht jung, aber es war klar, worauf sie
ohne die Aufstellung hinausgelaufen wäre: Er war ihr Vater und
sie war seine Mutter, so wie sie ihren Vater hatte bemuttern wollen. Jetzt haben sie eine Chance.

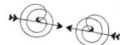

Teilnehmer:

Wie interpretierst du das offensichtlich entstandene Dreiecksverhältnis zwischen mir, meiner Mutter und meiner Freundin?

Nelles:

Ich interpretiere das nicht als Dreiecksverhältnis. Wir denken,
wir treffen jemanden und könnten uns als freie Menschen auf
diese Person einlassen und mit ihr eine Beziehung eingehen.
Tatsächlich ist es aber so, dass wir, wenn wir in irgendeine
Geschichte unserer Herkunftsfamilie verstrickt sind, nicht
wirklich ganz auf den Partner eingehen können. In deiner
Aufstellung konntest du sehen, dass dein Stellvertreter von
etwas zu Boden gedrückt wurde. Da war eine schwere Last,
die ihn ganz vereinnahmte. Sie gehört eigentlich zu deiner
Mutter, aber du trägst sie mit.

Wenn man auf diese Weise verstrickt ist, dann merkt das die
Partnerin nach einer gewissen Zeit. Am Anfang nicht, da
überdecken die Hormone das. Aber mit der Zeit wird es zur
Belastung. Dann merkt die Partnerin irgendwann: „Der ist ja
überhaupt nicht da, innerlich nicht ganz präsent!" Und wenn
sich das Gefühl verfestigt, dass sie ihn nicht erreicht, dann
wendet sie sich vielleicht von ihm ab oder zieht sich zurück.
Und dann denkst du: „Was hat sie jetzt bloß, warum zieht sie
sich zurück?"

Man meint, das wäre eine Geschichte der Beziehung, was es

an der Oberfläche auch ist. Darunter liegt das, was wir zum Beispiel hier gesehen haben, dass du für deine Mutter etwas trägst. Wenn du das Schicksal deiner Mutter bei ihr lassen kannst – mit Liebe! –, kannst du auf eine andere Weise auf deine Partnerin schauen. Und dann kann sie vielleicht auch auf eine andere Weise zu dir schauen. Dann kommen möglicherweise andere Probleme! Dann könnte zum Beispiel das Problem auftauchen, dass es wirklich ernst wird mit eurer Beziehung – dann bekommt sie vielleicht Angst!

Teilnehmerin:

Was für eine Auswirkung hat es dann auf die Partnerschaft, also wenn man jetzt seine Eltern oder seine Mutter so verurteilt auf diese Weise, hat es dann eine Auswirkung?

Nelles:

Es kommt darauf an, ich will keine allzu großen Gesetzesaussagen machen. Was ich sagen kann, ist, dass eine Frau, die im Kampf mit ihrer Mutter liegt, die ihre Mutter verurteilt, garantiert Probleme mit ihren Töchtern hat, und meistens erlebt sie bei ihren Töchtern das Gleiche wieder, dass ihre Töchter sie nicht als Mutter nehmen wollen.

Generell kann man sagen, dass man die Verhaltensweisen, die man an den Eltern ablehnt, mit der Zeit selbst entwickelt. Nicht immer als Eins-Zu-Eins-Kopie, sondern leicht modifiziert oder versteckt, sodass man es auf den ersten Blick nicht sieht. Manchmal aber auch ganz offensichtlich. Sexueller Missbrauch zum Beispiel oder Gewalt oder Alkoholismus oder Männer- bzw. Frauenverachtung werden über Generationen weitergegeben von denen, die selbst darunter gelitten haben. Sie werden weitergegeben, weil man heimlich den Eltern treu bleibt und zwar umso mehr, je mehr man sie ablehnt. Erst wenn man allem, was war, zustimmt, und zwar so, wie es war, wird der Bann gebrochen. Dann muss es nicht mehr weitergehen. In Bezug auf Partnerschaften ist es so, dass zum Beispiel Scheidungskinder sich viel häufiger scheiden lassen als Kinder aus ungeschiedenen Ehen. Wenn man es besser machen will als die Eltern, dann geht es meistens schief.

Treue zum Familienschicksal

Bestimmte Muster in einer Familie werden quasi vererbt und Personen, die ausgegrenzt sind, werden von später Geborenen vertreten, manchmal über mehrere Generationen. Es ist aber keine wirkliche Vererbung, also nichts Genetisches, sondern etwas Systemisches. Das heißt, in einem System – eine Familie ist ein solches System – wirken Ordnungen, die dafür sorgen, dass jedes Ereignis und jede Person im Familienbewusstsein den Platz bekommt, der ihm tatsächlich zusteht. Wird jemand verdrängt, in die Ecke gestellt, verachtet – oder auch auf einen zu hohen Sockel gestellt -, wirkt sich dies negativ auf die Nachkommen aus.

Eine dieser Ordnungen ist, dass man tief in der Seele beiden Eltern gegenüber loyal ist. Die Seele lässt den Abfall von den Eltern nicht zu, man hält das auf die Dauer nicht aus. Gerade dann, wenn man die Eltern ablehnt, wird man wie sie. Zum Beispiel bleibt die Tochter, die ihre Mutter ablehnt, weil sie ihr nicht genügend Wärme entgegenbringen konnte, der Mutter heimlich treu, indem sie ihrem eigenen Kind auch nicht die Wärme gibt. Wenn ein Sohn den Vater ablehnt, weil er trinkt, möglicherweise auch unter dem Einfluss der Mutter, die gesagt hat: „Werde bloß nicht wie dein Vater!", dann wird er selber Alkoholiker oder entwickelt Verhaltensweisen, die denen des Vaters entsprechen.

Wenn ich den Eltern treu bin, hat das kindliche Ich das Gefühl, dass vielleicht doch noch eine Chance besteht, dass meine Eltern mich nehmen, dass sie mich mögen. Auf diese Weise bin ich ihnen nah. Denn das Kind – und auch das Kind im Erwachsenen – will die Eltern um jeden Preis behalten.

Diese Treue sieht man selbst meistens nicht, sie ist unbewusst. Bewusst mag man gegen die Tradition oder die Eltern rebellieren oder alles anders machen wollen, aber gerade dann setzt sich diese Treue heimlich durch. Und zwar meist durch Krankheit, Depressivität oder Ähnliches.

In der Paarbeziehung beispielsweise dadurch, dass Kinder, die unter der Scheidung ihrer Eltern gelitten haben, sich selbst wieder scheiden lassen; oder dass „vaterlose" Kinder selbst wieder „vaterlose" Kinder in die Welt setzen. Oder wenn eine Frau ihre Mutter innerlich nicht annehmen und in ihr Herz nehmen kann, sondern auf Distanz zu ihr ist, dann kann sie auch ihre Tochter nicht nehmen. Und die Tochter macht es mit ihrer Tochter genauso.

Sehr konfliktreich wird es natürlich dann, wenn zum Beispiel der Vater trinkt und die Mutter den Vater ablehnt, weil er trinkt. Dann kommt das Kind in große Verwirrung, weil es eigentlich beiden treu sein will – und das geht nicht. Aus dieser Verwirrung gibt es oft ziemlich schwere Krankheiten.

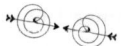

Teilnehmerin:

Ist es so, dass sich die Sachen immer wiederholen in jeder Generation? Ich habe gesehen, dass meine Mutter ihre Mutter abgelehnt hat, und die jüngste Schwester hat sich von der Mutter vollständig abgewandt. Kannst du zu diesen Wiederholungen etwas sagen?

Nelles:

Die Wiederholungen gehen so lange weiter, bis es an irgendeiner Stelle gelöst ist.

Teilnehmerin:

Das heißt, die Trennung der jüngsten Tochter von ihrer Mutter jetzt ist praktisch systemisch, weil die Mutter ihre Mutter ablehnt?

Nelles:

Ich vermute, die älteste Tochter ist mit der Großmutter identifiziert und die jüngste Tochter mit der Mutter. Deswegen macht sie genau dasselbe, was die Mutter mit ihrer Mutter gemacht hat. Das Merkwürdige ist, sie machte das aus Liebe! Sie meint, sie lehnt sie ab, aber das Untergründige ist: Sie macht das aus Liebe.

Wenn du deine Eltern ablehnst, dann zeigt sich die Treue zu den Eltern in einem in irgendeiner Weise pathologischen Verhalten. In diesem Fall zeigt sich die Liebe und Treue zu der Mutter darin, dass sie sich genauso verhält wie die Mutter. Das ist die innere Dynamik. Damit sagt sie das, was sie offen nicht sagen will: Mama, ich bin genau wie du!

*

Sehr häufig werden in einer Familie bestimmte Einstellungen oder Verhaltensmuster von einer Generation auf die nächste weitergegeben, manchmal wird auch eine übersprungen, d.h. die Übertragung geht von den Großeltern zu den Enkeln und wieder zu deren Enkeln.

Zum Beispiel ist in jedem Kurs mindestens eine Frau, die von der Mutter das Muster übernommen hat: Männer sind Schweine! Wollen von Frauen nur Sex! Lass die Finger davon! Bei Männern gibt es ähnliche Dinge. Beispielsweise das Muster, Konflikten aus dem Weg zugehen, indem man trinkt. Da war dann der Vater Alkoholiker und dessen Vater und so weiter, oder der Opa und dessen Opa. Heute meidet der Sohn vielleicht den Alkohol und kifft stattdessen, aber das Muster bleibt. Oder Inzest: Der Mann, der seine Tochter oder seinen Sohn missbraucht, wurde selbst schon missbraucht; oder er hat unter einem jähzornigen Vater gelitten und behandelt, entgegen seinen besten Vorsätzen, seine Kinder genauso.

Das ist ausgesprochen merkwürdig: Das, worunter man gelitten hat, macht man selbst wieder. Und wenn man es aus einer überheblichen Haltung alles ganz anders und besser machen will, wird man krank oder depressiv!

*

Zu einem Mann, der einen unehelichen Sohn hat, der nichts von ihm weiß:

Du bist deinem Vater in allem treu. Er hat keine Verantwortung für dich übernommen, du übernimmst keine für deinen Sohn. Er hat versucht, sich sein Leben möglichst frei einzurichten, du machst es genauso. In der Seele bist du deinem Vaters bis ins Detail treu. Und diese Treue, zu der dich das Leben quasi zwanghaft führt, hängt damit zusammen, dass du den Vater nicht ganz genommen hast; dass du ihn abgelehnt und innerlich bekämpft hast. Und zwar auch, um die Mutter nicht zu verletzen!

Liebe, die bindet, und Liebe, die löst

Eine Frau berichtet, dass sie einen Hass auf ihre Mutter hat, weil diese sie als kleines Kind zu Verwandten gegeben hat. Bei der Aufstellung zeigt sich aber eine ganz tiefe Liebe zur Mutter, die man schon sehen konnte, als die Teilnehmerin eine Stellvertreterin auswählte und aufstellte. Sie konnte aber nicht zur Mutter hingehen. Als sie es schließlich mit Hilfe des Therapeuten doch schaffte, haben sich beide lange umarmt und aus der Teilnehmerin brach ein tiefer Schmerz heraus. Der Schmerz galt aber nicht etwa der Trennung, sondern der Einsicht, dass die Mutter trotzdem nicht glücklich geworden war. Und deshalb war sie auch der Mutter böse. Das Kind war bereit, für die Mutter jedes Opfer auf sich zu nehmen, wenn es der Mutter nur helfen würde. Die bittere Einsicht war: Sie konnte der Mutter durch das eigene Opfer nicht helfen!

Man konnte hier sehr gut die Tiefe der kindlichen Liebe sehen. Das ist kein Einzelfall! Dieser Satz an die Mutter: „Ich möchte, dass du es leicht hast, dass es dir gut geht! Ich bin dafür bereit, ein großes Opfer zu bringen!", zeigt, wie tief die Liebe zur Mutter geht. Die kindliche Seele ist tatsächlich bereit, sich für die Mutter zu opfern. In diesem Fall heißt das: Sie nimmt es gerne auf sich, auf ihren Platz bei der Mutter zu verzichten, wenn es dadurch der Mutter besser geht. Oben drüber ist vielleicht ein Vorwurf, aber das ist der lösende Satz. Jetzt musst du aber noch sehen und zustimmen, dass du ihr auch auf diese Weise nicht helfen kannst. Du kannst es ihr ein wenig erleichtern und hast es ihr auch erleichtert, aber du kannst sie durch eigenes Opfer nicht glücklich machen. Das ist vielleicht das Schwerste, darauf zu verzichten. Dann wirst du nämlich ganz klein.
Ich möchte noch etwas dazu sagen. Da läuft etwas ganz Merkwürdiges ab. Die oberste Schicht ist, dass man meint, das Kind müsste allen Grund haben, der Mutter böse zu sein, weil die es abgeschoben hat. Das ist auch das bewusste Gefühl der meisten Kinder in einem solchen Fall. Dann entdeckt man darunter eine Schicht, wo die Kinder gar nicht böse sind, sondern die Mutter trotz allem lieben. Das konnte man hier sehen. Das weiß man sozusagen unbewusst, daher ist es eine große Befreiung, wenn man diese Liebe ganz fühlen kann. Dann ist das Kind nicht mehr nur Opfer, sondern leistet einen eigenen Beitrag zum inneren Zusammenhalt der Familie: Es geht „freiwillig", es stimmt dem, was die Mutter tut, in der Seele zu. Genauso ist es übrigens bei Inzest, also wenn ein Kind sexuell vom Vater miss-

braucht wird. Auch da wirkt es lösend, wenn das Kind zum Vater (oder zur Mutter) sagt: „Wenn es dir hilft, tue ich es gern" (meistens tut es dies aber vor allem für die Mutter, die vom Vater nichts mehr wissen will – es opfert sich dann an ihrer Stelle). Durch diesen Satz kommt es zu seiner Würde. Es ist dann nicht mehr (nur) benutztes Opfer, sondern leistet einen aktiven Beitrag zum Familienzusammenhalt.

Aber da ist noch eine dritte Ebene. Das Kind verzichtet auf die Mutter, um sie behalten zu können. Das erscheint paradox. Aber wenn man genau hinschaut, sieht man, dass die Mutter (oder der Vater) für das Kind ganz verloren wäre, wenn es annehmen würde, dass sie es nicht mehr haben wollte. Die ganz tiefe Angst ist: Es könnte sie dann nicht mehr lieben und wäre vollkommen von ihr getrennt. Indem es aber dem Weggeben zustimmt, kann es im Innern die Mutter (oder sein Bild der Mutter) behalten. Die kindliche Liebe möchte um jeden Preis daran festhalten.

In der Lösung, wie wir sie hier gesehen haben und wie ich sie bei Inzest ständig erlebe, muss man dieses Bild und diesen Anspruch aufgeben. Das ist das Schwere daran. Man muss den ganzen Vorgang sehen und ihm zustimmen: dem Verhalten der Mutter / des Vaters, der eigenen Liebe, der jedes Opfer recht ist, und der Vergeblichkeit dieser Liebe. Wenn dies gelingt, taucht eine andere Art von Liebe auf, eine größere Liebe, die eine erwachsene Liebe ist. Diese Liebe ist in der Tiefe eine Liebe zur Wirklichkeit oder zur Welt, wie sie ist, mit allem Schrecklichen und allem Schmerz. Sie ist tiefer und größer, weil sie darauf verzichtet, den Dingen die eigenen Wünsche aufzwingen zu wollen. Diese Liebe löst.

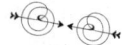

Nelles:

Aus der Verstrickung herauszukommen heißt, hineinzugehen in das, was wirklich ist. Das, was wirklich ist, ist, dass du das

Kind der Mutter bist. Und dass du die Kleine bist und die Mutter ist die Große. Und das dies immer so sein wird. Stell dir folgende Situation vor… – hast du Kinder?

Teilnehmerin:
Ja, einen Sohn.

Nelles:
Stell dir vor, dein Sohn sagt zu dir: „Mama, ich sehe, dass du leidest, du hast immer Kopfschmerzen. Ich möchte auch nicht glücklich sein. Ich nehme dir deine Kopfschmerzen ab – ich nehme die für dich. Ich lasse es mir auch schlecht gehen, wenn es dir schlecht geht! Ich gehe nicht mehr zu meinen Freunden spielen, und wenn, dann denke ich heimlich an dich, wie es dir nicht gut geht."
Was ist das für ein Gefühl für dich, wenn er so ist?

Teilnehmerin:
Das beschämt mich, das möchte ich überhaupt nicht!

Nelles:
Und genau so beschämst du deine Mutter! Wenn der Sohn deshalb leidet, weil du Kopfschmerzen hast, dann fügt er deinem Leiden noch ein zusätzliches Leiden hinzu: nämlich die Sorge und den Schmerz um den Sohn. Genau das machst du aber mit deiner Mutter! Und wenn er herausfinden will, warum du leidest und was dahinter steckt, dann würdest du aus der wirklichen, klaren Elternrolle heraus zu dem Kind sagen: „Pass auf, Junge, es ist genug, dass es mir nicht gut geht! Geh du zu deinen Freunden spielen, geh spielen, mach etwas aus deinem Leben! Ich komme schon mit meinen Sachen zurecht!"
Wenn du das aus der Mutterrolle heraus sehen kannst, dass das für beide das Angemessene ist, dann kannst du das jetzt

vielleicht umgekehrt auf deine Beziehung zu deiner Mutter oder deinen Eltern übertragen. Und das heißt: Du bist das Kind! Das ist die Wirklichkeit, in die man hineingehen muss. Wenn man ganz in diese Wirklichkeit hineingeht, dann ist man frei.

„Ich bin das Kind und ich hab dich gern, aber dein Leben ist dein Leben und mein Leben ist mein Leben."

*

Wir sind alle in die Kräfte unserer Familie und die Schicksalsschläge, die über Generationen hinweg in diesen Familien geschehen sind, eingebunden. Das Merkwürdige ist: Wenn man sich dieser Tatsache, dass ich in diesen Verbund eingebunden bin, ohne jeden Vorbehalt stellt, egal, was in der Familie passiert ist, dann ist man letztendlich frei, seinen eigenen Weg zu gehen. Solange man das aber ignorieren will oder dagegen ankämpft und mit dem nichts zu tun haben will, solange ist man unter der Hand umso mehr damit verstrickt und nicht nur verbunden, sondern im Bann. Wer die Verbindung ignoriert, der bleibt im Bann!

*

Wenn die Mutter depressiv ist oder etwas Schweres hat und die Tochter denkt sich: „Ich darf der Mutter nicht zu nah kommen, sonst bekomme ich das auch", dann ist sie schon im Bann. Aus dem Bann kommt sie heraus, wenn sie ganz auf die Mutter zugeht. Das ist, wie sich in einen Strudel hineinziehen lassen bis auf den Grund. Wer versucht, aus dem Strudel herauszuschwimmen, der ertrinkt. Nur wer sich ganz hineinziehen lässt bis auf den Grund – ohne Gegenwehr – hat eine Chance. Da unten ist kein Sog mehr.

Persönliche Erfahrungen und Familienverstrickungen

Teilnehmerin:

Sehe ich das richtig, dass es zwei Aspekte gibt: Wenn jemand ein schweres Problem hat, kann das aus dem Familiensystem kommen, und der zweite Aspekt ist, dass man das selbst in der Kindheit erfahren hat?

Nelles:

Richtig! Wenn jemand das persönlich erlebt hat, das ist etwas anderes als eine systemische Verstrickung, das gehört dann wirklich zu dir mit dazu. Was du in der Kindheit erlebt hast, das ist möglicherweise ein schlimmes Erlebnis, was du selber hattest, ein Trauma. Wenn es das Erleben eines anderen ist, das man übernommen hat, dann ist es wichtig, das zurückzugeben. Wenn es ein eigenes schlimmes Erleben und Schicksal ist, dann ist es notwendig, dieses Schicksal als sein Eigenes zu nehmen! Ein Beispiel: Ein Kind wird vergewaltigt oder verliert früh die Eltern oder etwas anderes Schlimmes passiert – dann ist die einzige Lösung, so schwer das sein mag, dass dieses Kind – oder später der Erwachsene, der dann zur Therapie kommt – diese schlimme Erfahrung als seine eigene voll und ganz aufnimmt. So schlimm sie auch gewesen sein mag. Das heißt, dass das Kind auch gegebenenfalls den Vergewaltiger als Teil seines Lebens akzeptiert. Das ist manchmal ziemlich hart!

Teilnehmerin:

Aber nicht verzeihen muss!?

Nelles:

Manchmal sogar schlimmer: lieben muss!

Verzeihen kann es nicht! Dann würde es dem Täter etwas wegnehmen, nämlich dessen Schuld. Die gehört aber zu ihm, damit muss er allein fertig werden. Aber es muss es aufnehmen, es anerkennen und nehmen als etwas, das zu seinem Leben gehört. Wenn es das nicht tut, dann macht jemand anders das. Dann kommt es genau zu dieser Kette von Verstrickungen, aus denen ihr euch hier lösen möchtet. Wenn du das nicht tust, dann macht es jemand anders. Jede Erfahrung, so schlimm sie auch ist, muss als Teil des Lebens aufgenommen werden.

Das, was war, muss gewesen sein dürfen! Nur dann, wenn es als etwas Gewesenes angenommen ist, kann es in der Vergangenheit auch zur Ruhe kommen. Ansonsten geistert es über Generationen durch die Geschichte, weil es als etwas Gewesenes nicht anerkannt ist. In dem Moment, wo ich sage: „Jawohl, das war so und das darf so gewesen sein" – in dem Moment kann dieses Ereignis sich sozusagen zur Ruhe setzen. Es kann seinen gemäßen Platz in meiner persönlichen Geschichte einnehmen und so als etwas, was in der Vergangenheit gewesen sein darf, was zu mir und meinem Leben gehört, in der Vergangenheit endlich zur Ruhe kommen. Solange, wie ich aber auch nur einen wesentlichen Aspekt nicht anerkennen, nicht wahrhaben will, solange geistert es in der Familie umher.

Und das Merkwürdige ist: Wenn man es ganz nimmt, dann taucht vielleicht sogar eine gewisse Liebe zum Täter auf. Und der Täter wird dann ganz schwach und sieht seine Schuld, während das Opfer stark wird.

Teilnehmer:

Wie sieht die therapeutische Intervention aus, wenn ich die Dynamik von außen her erkenne und in einer Familie sehe, aber keiner der Familienmitglieder bereit ist, in der Richtung etwas zu machen?

Nelles:

Dann sieht die therapeutische Intervention so aus, dass man

nichts macht! Ich mische mich in keine Geschichte ein, sonst wirst du selber verstrickt und verwickelt. Es gehört dazu, dass du jeden auf seine Weise mit seinem Schicksal umgehen lässt, und dass du das respektierst. Und wenn er auf eine Weise mit dem Schicksal umgeht, dass er sagt: „Ich hänge mich lieber auf, als zu einem Psychologen zu gehen", dann ist das in Ordnung!

Das Gewissen

Teilnehmer:

Wie kann es sein oder wie kommt man dazu, dass man die Last eines anderen trägt oder übernimmt? Dass einem das übertragen wird?

Nelles:

Es ist nicht so, dass die Ahnen etwas auf die später Geborenen übertragen und ihnen etwas aufdrücken. Wenn es so wäre, müsste man sich ja dagegen schützen, und wenn man sich dagegen schützt, gerät man noch mehr in das Verhängnis hinein. Es ist umgekehrt.

In der Familie wirkt ein Gesetz, nach dem jeder in der Tiefe seiner Seele (das ist uns oft nicht bewusst) zur Familie dazugehören möchte. Das hängt wahrscheinlich damit zusammen: Über Hunderttausende von Jahren bedeutete die Zugehörigkeit zur Gruppe das Überleben; wenn einer ausgeschlossen wurde, war er quasi tot.

Und wenn wir uns vorstellen, dass das über Hunderttausende von Jahren Teil unserer kollektiven Erfahrung ist, dann steckt uns das in jeder Körperzelle drin. Das hat es erst möglich gemacht, dass die Menschheit dahin gekommen ist, wo sie heute ist. Obwohl wir heute denken, als Einzelne überleben zu können – wenn man genau hinschaut, sind wir als Einzelne von dem, was andere gemacht haben, abhängig. Wir sind nur nicht so eng zusammen. Das ist so etwas wie ein Urüberlebenswissen, das wir haben: Wenn wir ausgeschlossen werden, sind wir weg vom Fenster. Und deshalb ist in jedem in der Tiefe dieses unglaublich starke Bedürfnis, dazuzugehören zu der Gruppe, aus der er hervorgegangen ist. Das ist die Familie und die Sippe im weitesten Sinne. Und dieses fühlen wir als Gewissen. Das, was wir Gewissen nennen, ist eigentlich etwas, was uns anzeigt: Gehöre ich noch dazu? Wir haben dann ein schlechtes Gewissen, wenn wir uns schuldig fühlen. Schuldig fühle ich mich, wenn ich fürchten muss, gegen die Werte meiner Familie verstoßen zu haben, und wenn ich fürchten muss, dass ich ausgeschlossen werden könnte. Schlechtes Gewissen heißt also: Ich fühle mich schuldig. Gutes Gewissen heißt: Ich fühle mich unschuldig.

*

Es gibt zweierlei Gewissen: Einmal das persönliche Gewissen. Dieses Gewissen fühlen wir alle. Wir fühlen dieses persönliche Gewissen als ein Gefühl von Schuld und Unschuld. Wenn wir gegen unser Gewissen verstoßen, fühlen wir uns schlecht, weil wir uns schuldig fühlen, und wenn wir entsprechend unserem Gewissen handeln, dann fühlen wir uns unschuldig. Dieses persönliche Gewissen hat aber nichts mit irgendeiner Form von höherer Moral zu tun – von gut und böse, so wie es vielfach gesehen wird. Sondern das persönliche Gewissen ist sozusagen eine Art Gleichgewichtsorgan, das uns sagt, was wir tun dürfen oder nicht tun dürfen, um zu unserer Familie oder Sippe dazuzugehören. Wir haben ein gutes Gewissen und fühlen uns unschuldig, wenn wir so handeln, dass wir nicht riskieren, aus unserer Familie ausgeschlossen zu werden. Wenn wir im Einklang mit dem sind, was in unserer Familie als gut gilt. Wir haben ein schlechtes Gewissen, wenn wir so handeln, dass wir fürchten müssen, ausgeschlossen zu werden.

Auf diese Weise ist es zu erklären, dass in bestimmten Familien Stehlen oder gar Mord nicht mit einem schlechten Gewissen einhergeht. Wenn ein Mitglied bestimmter Zigeunersippen nicht stiehlt, sich weigert zu stehlen, hat es ein schlechtes Gewissen. Dann fällt er nämlich aus seiner Sippe heraus. Oder man tötet sogar mit gutem Gewissen, wie zum Beispiel in Mafiakreisen oder dort, wo die Blutrache gilt.

Auf einer weiteren Ebene ist es so, dass man zum Beispiel im Krieg mit gutem Gewissen tötet, ohne sich als Mörder zu fühlen, weil man auf diese Weise zu seiner Gruppe dazugehören darf. Im Krieg bekommt jemand, abgesehen von der Frage der persönlichen Folgen, unter Umständen Gewissensbisse, wenn er einen Befehl verweigert.

Das Gewissen hat die Funktion, eine Gruppe zusammenzuhalten. Dadurch trennt es natürlich gleichzeitig. Es trennt von den anderen. Es ist daher auch die Ursache von Kriegen. In Familien ist die Wirkung zunächst einmal eine sehr positive, weil wir ohne die Gruppe nicht überleben könnten, aber in der weiteren Perspektive ist sie auch eine schlimme.

Das ist die Ebene des persönlichen Gewissens. Es ist ein Mechanismus, der letztendlich mit gut und böse, mit moralischen Werten, nichts zu tun hat. Dieses Gewissen ist das, was wir kennen, wobei uns der Mechanismus, den ich gerade erklärt habe, meistens nicht geläufig ist. Aber wir fühlen es.

Aus diesem Gewissen heraus ist es so, dass ein Kind sich gut und unschuldig fühlt, wenn es zum Beispiel für die Mutter etwas trägt, weil es dann das Gefühl hat, es gehört dazu. Es ist mit der Mutter verbunden – weil ich für die Mutter etwas trage, was ihr weh tut. Das ist das, was wir hier immer beobachten. Das ist das, was wir Verstrickung nennen. Dass man für Familienangehörige deren Schmerz oder auch deren Schuld mitträgt, obwohl man selber gar nichts damit zu tun hat. Dann fühlt sich dieses Zugehörigkeitsgewissen, das auch ein kindliches Gewissen ist, rein und unschuldig.

Dieses Gewissen kollidiert aber mit einem zweiten Gewissen, nämlich dem Ordnungsgewissen. Dieses Ordnungsgewissen oder kollektive Gewissen ist uns unbewusst. Das fühlen wir nicht, denn es gehört nicht zum Einzelnen, sondern regelt das Gleichgewicht der Gruppe, des Kollektivs. Das ist der Mechanismus, der die Ordnung in Sippen, Familien oder überhaupt im Leben aufrecht erhält. Das kollektive Gewissen ist ein Systemgewissen. Es ist vollkommen unpersönlich und sorgt dafür, dass bestimmte Grundregeln eingehalten werden. Zum Beispiel sorgt es dafür, dass der Ausgleich von Geben und Nehmen eingehalten wird, sowie die Ordnung nach der Zeit und der Anspruch jedes Gruppenmitglieds auf Zugehörigkeit.

Daraus folgt zum Beispiel, dass jeder seine Sachen alleine tragen muss und dass sich ein Kind nicht in die Belange der Eltern einmischen darf, weil damit der Lebensfluss auf den Kopf gestellt wird. Der Lebensfluss und der Fluss der Zeit geht von den Eltern zu den Kindern und zu deren Kindern. Wenn jetzt ein Kind sich dazwischen stellt und zu seiner Mutter innerlich sagt: „Mama, ich trage das für dich", dann stellt es sich über die Mutter und damit auch über diese Ordnung.

Im Sinne des Ausgleiches von Geben und Nehmen erfordert es zum Beispiel auch den Ausgleich zwischen Tätern und Opfern. Und zwar ungeachtet dessen, ob jemand nach seinem persönlichen Gewissen „richtig" gehandelt hat oder nicht. Das heißt, wie wir es zum Beispiel in einer Aufstellung heute gesehen haben, dass die Opfer angeschaut und gewürdigt werden. Es nimmt dafür nicht nur die unmittelbaren Täter, sondern auch die ganze Familie und spätere Generationen in die Pflicht.

Oder wenn ein Familienmitglied ausgeschlossen wird, was oft bei tragischen Todesfällen der Fall ist – zum Beispiel, wenn ein Kind früh gestorben ist und es für die Eltern zu schrecklich ist, diesem Tod in die Augen zu schauen, dann wird dem Kind nicht der volle Platz in der Familie gegeben, weil man die ganze

Angelegenheit innerlich von sich fernhalten will. Dann sorgt das kollektive Gewissen dafür, dass ein später geborenes Kind, vielleicht sogar ein Kind aus einer späteren Generation, diesen Platz einnimmt. Das heißt, dieses Kind hat nichts getan, es kann nichts dafür und es wird trotzdem in den Dienst der Sippe genommen, damit diese Regel erfüllt wird, damit dieser Platz wieder ausgefüllt wird. Das erklärt all diese Geschichten, die wir auch jetzt auf verschiedenen Ebenen gesehen haben. Das erklärt diese Identifizierungen. Das erklärt auch solche Dinge wie, dass jemand eine frühere Geliebte oder Freundin des Vaters oder den gefallenen Verlobten der Mutter vertritt, der im inneren Bild der neuen Familie keinen Platz bekommen hat. Dann wird man vom kollektiven Gewissen in den Dienst genommen.

Was hier in den Aufstellungen passiert, ist, dass man das deutlich macht und dass man dann beiden Teilen gerecht werden kann. Man kann beiden Teilen gerecht werden, indem man beispielsweise der Mutter sagt: „Ich sehe, wie schwer es für dich ist, dieser ganze Verlust, den du zu tragen hast, aber ich achte es als dein persönliches Schicksal und ich lasse es ganz bei dir! Ich bin dein Sohn und ich würde es dir gerne abnehmen oder einen Teil des Schmerzes für dich tragen, aber ich verzichte darauf. Denn ich bin der Kleine und du bist die Große."

Wenn du das aus tiefer Seele sagst, dann spürst du einen ganz großen Schmerz; dann musst du nämlich die Mutter in ihrem Schmerz da stehen lassen. Ob sie es löst oder nicht löst, ist egal. Hier ist jetzt die Bewegung so weit gegangen, dass da etwas gelöst werden konnte. Was vielleicht auch ein indirekter Ausfluss der Arbeit ist, die schon deine Schwester gemacht hat. Die konnte bei ihrer Aufstellung nämlich nicht so weit gehen. Es ist nämlich so, dass diese Arbeit auch auf die Familie zurückwirkt, auch auf die Personen, die nicht da sind.

*

Bei dieser Aufstellung gab es jetzt eine Bewegung, die über das Gewissen hinausging. Da war die Gruppenbindung am Ende aufgehoben, da sind Täter und Opfer aufeinander zugegangen. Recht und Unrecht und all die anderen Unterscheidungen spielten hier plötzlich keine Rolle mehr. Die Gruppenbindung ist aufgehoben und zwar seltsamerweise durch die schlimme Tat! Hellinger hat das eine „Bewegung der Seele" genannt.

Das ist ein Gedanke, der mir gerade im Moment kommt: Vielleicht brauchen wir solche schlimmen Entwicklungen, um über engere Bindungen hinauszuwachsen – kollektiv, als Menschheit. Das ist natürlich ein sehr verwegener Gedanke, aber ich sage das einfach mal so. Wenn man das Ganze in einem sehr viel größeren Kontext sieht, wenn man zum Beispiel auf das heutige Europa schaut, kommt man nicht umhin zu sehen, dass die Entwicklung zu Einem, über die nationalen Grenzen hinaus, ohne die schrecklichen Kriege und gewiss auch ohne den letzten Krieg nicht möglich gewesen wäre. Wenn man nur auf das eine Ereignis schaut, dann sieht das schlimm aus und ist auch schlimm. Und was die individuellen Schicksale betrifft, ist es sehr schlimm, aber möglicherweise ist das Ganze im Dienst einer ganz großen Bewegung, die wir in engeren geschichtlichen Maßstäben gar nicht verstehen. Auch das ist etwas, was dazu anhalten sollte, sich mit Urteilen zurückzuhalten.

Geheimnisse in Familien

Wenn in der Aufstellung deutlich wird, dass es ein Geheimnis gibt, ohne dass Genaueres ans Licht kommt, dann muss man das achten. Manchmal zeigt es sich von selber, dann ist es okay. Wenn es sich aber nicht zeigt, dann darf man nicht sozusagen zur Inquisition werden, dann darf man nicht nachforschen. Das gilt auch, wenn ihr – jenseits von Aufstellungen oder anderer therapeutischer Arbeit – das Gefühl habt, in eurer Familie gebe es Geheimnisse. Es gibt Geheimnisse, nach denen man fragen darf, und solche, die man als Geheimnis achten muss. Fragen darf man nach allem, was einen persönlich betrifft, wie zum Beispiel die wahre Vaterschaft eines Kindes. Da hat das Kind ein Recht darauf, das zu wissen. Auch wenn es eine frühere Ehe oder Verlobung eines Elternteils gab, ist das eine öffentliche Angelegenheit. Bei allem anderen muss man sich zurückhalten. Man darf sicherlich fragen, was gewesen ist, wenn man nicht einfach neugierig ist, sondern unter etwas leidet – dann wird man sehr wahrscheinlich auch aufrichtige Antworten erhalten –, aber man darf nicht insistieren oder nachforschen. Vor allem nicht, um etwas herauszubekommen, wenn man im Grunde nur wissen will. Die absolute Grenze ist die persönliche Intimsphäre der Eltern (oder anderer Ahnen). Wenn man da nachforscht, dringt man in etwas Fremdes ein, und das hat keine guten Wirkungen.

Für mich ist das, was hier geschieht, nur dadurch erklärbar, dass es etwas gibt, was die Familie als Ganzes steuert. Man kann das nennen, wie man will. Hellinger nennt es Seele, und ich finde den Begriff, obwohl er nicht – oder vielleicht gerade weil er nicht klar definiert ist, gut. Da schwingt etwas mit, was uns irgendwo unmittelbar berührt.

Diese Familienseele steuert das Ganze, sonst wären diese Übertragungen, diese Verstrickungen und all das gar nicht möglich. Sonst wäre es auch nicht möglich, das hier jemand als Urgroßvater oder als Großvater aufgestellt wird und plötzlich deren Symptome bekommt. Es gibt da offenbar eine Brücke und diese Brücke zeigt, dass es eine Verbindung gibt.

Also was klar ist, ist, dass sich Lösungen ergeben, wenn man im Einklang ist mit der Familienseele, und Lösungen ergeben sich nur aus diesem Gesamt heraus. Die ergeben sich nicht *gegen* etwas. Wenn man anfangen würde, da intensiv nachzuforschen, um etwas herauszubekommen, was sich hier nicht zeigt, dann würde man sich dagegen stellen. Zum Beispiel gegen die Eltern oder die Großeltern und deren Intimsphäre. Das funktioniert nicht! Wenn sich ein Geheimnis als Geheimnis zeigt, aber nicht lüftet, dann ist es wichtig, es zu lassen und zu achten. Zu achten, dass Eltern oder Großeltern oder wer auch immer auch ein Recht darauf haben, ihren Kindern den Einblick in ihr Geheimstes zu verwehren. Jede Person hat gegenüber anderen das Recht darauf. Auch wir gegenüber unseren Kindern zum Beispiel.

*

Teilnehmerin, deren Sohn aus einer Vergewaltigung stammt: Ein Kind fragt doch, wo es herkommt. Ich habe meinem Sohn das natürlich nicht so erzählt, aber im Groben…

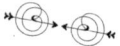

Nelles:

Was das Kind in deinem Falle wissen müsste, ist, dass du seinen Vater nicht kennst. Dass das eine einmalige Begegnung war und du kennst den Vater nicht. Das müsste und darf das Kind wissen. Die näheren Umstände, vor allem die intimen Umstände dieser Begegnung, das gehört nur zu deinem Leben! Das Sexuelle zwischen Mann und Frau geht die Kinder nichts an! Wenn man sie da hineinzieht, zieht man sie in etwas hinein, was überhaupt nicht ihre Sache ist, und belastet sie.

Teilnehmerin:

Dann dürfte ich es doch hier auch nicht ansprechen?

Nelles:

Das ist hier ein Raum, wo es um eine Lösung für dich geht. Und es ist nichts, worüber man hinterher noch mit Leuten redet oder diskutiert! Es ist auch klar, dass das, was hier in diesem Raum gesprochen wird, in diesem Raum zu bleiben hat. Dass das Intime sozusagen bei jedem gelassen wird.

Was die Kinder etwas angeht, ist das, was im Prinzip öffentlich ist. Das heißt in deinem Fall: Das Kind hätte ein Recht darauf, zu erfahren, wer der Vater ist, wenn du ihn kennst. Und wenn du ihn nicht kennst, kannst du ihm sagen: „Der Vater ist mir auch unbekannt, wir sind uns einmal begegnet und aus dieser Begegnung bist du hervorgegangen." Und wenn er dann Näheres darüber wissen will, kannst du sagen: „Das ist meine Sache. Für mich ist es gut so, ich stimme dem voll zu – und ich bin froh, dass du da bist!"

Und indem du deinem Sohn voll zustimmst – du kannst ihm nur voll zustimmen, wenn du auch den ganzen Umständen seiner Entstehung zustimmst – dann kann er auch in seine Kraft kommen!

Lösungen

Wissen wollen oder lösen

Wir neigen dazu, bei Problemen nach Ursachen statt nach Lösungen zu schauen. Die Vorstellung ist: Erst muss ich wissen, woher ein Problem kommt, dann kann ich es auch lösen. Manchmal funktioniert das, meistens aber nicht. Meist hält die Suche nach den Ursachen von Lösungen ab, die auf der Hand liegen, und oft soll das auch so sein, weil eine Lösung voraussetzt, dass man sich ändert. Daher ist der wichtigste Schritt oft, dass man sich darüber Rechenschaft ablegt, ob man wirklich eine Lösung will.

So schilderte eine Frau mit zwei Kindern weinend, dass sie glaube, ihren Mann verlassen zu müssen. Die Frage, ob sie offen für eine Lösung sei, bejahte sie. Also habe ich sie gefragt, wovor sie denn mehr Angst habe: ihren Mann zu verlassen oder bei ihm zu bleiben und sich ganz auf die Beziehung einzulassen? Das Letztere war der Fall. Die Aufstellung später zeigte aber, dass dies die Lösung war, und innerlich wusste sie es schon vorher. Aber sie wollte es zunächst nicht wahrhaben, weil diese Lösung, wie jede, ihren Preis hatte. In ihrem Fall war der Preis, dass sie ihren Stolz aufgeben, ihre Schwäche zeigen und dem Mann gegenüber zugeben musste, dass sie ihn brauchte (in anderen Fällen muss man vielleicht seine Schwäche aufgeben und ganz zu seiner Kraft und Stärke stehen; für jemanden, der gerne klein und schwach oder ohnmächtiges Opfer ist, ist dies ganz schwer).
Da wir diesen Preis nicht zahlen wollen, schieben wir oft die Suche nach den Ursachen, nach Verletzungen in der Kindheit, nach Gründen hier und Gründen dort, vor.

Wenn jemand sagt: „Ich würde gerne herausfinden, woran das liegt", dann will er nichts ändern. Wenn jemand sagt: „Ich würde gerne herausfinden, warum ich rauche", dann will er das Rauchen nicht aufgeben. Wenn er das Rauchen aufgeben will, dann sagt er: „Ich will aufhören zu rauchen." Und dazu braucht er nicht herauszufinden, woran es liegt, dass er damit angefangen hat oder dass er es immer noch tut.

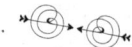

Teilnehmerin:

Ich möchte gerne verstehen, warum mich die Männer nach einiger Zeit plötzlich verlassen.

Nelles:

Mit deinem Verstehen-Wollen schützt du ein Gefühl. Da ist ein Schmerz in dir oder eine Hoffnungslosigkeit, eine Ahnung einer ganz tiefen Hilflosigkeit. Und wenn du sagst: „Ich will das verstehen", dann schützt du dich davor, dass dieses Gefühl, dass dieser Schmerz mit der ganzen Wucht hochkommen kann. Wir brauchen das Gefühl, um weiterzukommen.

Auf Erklärungen und Begründungen verzichten

Das wiederholte Wiederholen der Dinge, die einem weh getan haben, bzw. das Erklären, warum man das Problem hat, das man hat, festigt das Problem. Zur Lösung bedarf es der Disziplin, darüber nicht mehr zu reden und keine Erklärungen abzugeben, warum man so ist, wie man ist. Denn diese Erklärungen und Begründungen bewirken erst den Zirkel, aus dem man dann nie herauskommt. Begründungen *begründen* ein Problem, sie geben ihm eine Basis, einen festen Grund, und solange du es weiter begründest, steht es fest und solide auf diesen Gründen. Dann kannst du Gruppen und Therapien machen, so viel du willst. In den Gruppen lernst du dann immer mehr dazu, warum das Problem auch noch in den kleinsten Verästelungen entstanden ist. Genau das festigt das Problem!

Wenn ihr in eurer Beziehung nach Lösungen sucht, müsst ihr auf Erklärungen und Begründungen verzichten. Man sagt einfach, was man möchte – ohne Vorwurf, ohne Erklärung, warum man das möchte – und riskiert, dass der andere „nein" sagt. Das darf er nämlich. Dann weiß man, woran man ist, und der Partner weiß es auch.

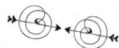

Teilnehmerin:

Mein Therapeut sagte zu mir, ich leider an einem Helfersyndrom.

Nelles:

Weißt du, was solche Bezeichnungen machen? Sie erfüllen eine Funktion. Wenn man irgendetwas, was man nicht so richtig versteht, einen Namen gibt, dann meint man, man hätte es verstanden. Also, die hat jetzt ein Helfersyndrom, damit hat der Therapeut etwas für seine Akten aufgeschrieben und meint, er hat es verstanden. Obwohl er nichts gelöst hat. Und du gehst nach Hause und sagst: „Aha, jetzt habe ich die Lösung, ich habe ein Helfersyndrom."

Es ist natürlich keine Lösung, denn das Problem ist ja noch da. Man gibt dem Kind einen Namen. Namen oder solche Begriffe geben uns das Gefühl, etwas zu wissen, etwas erklären zu können. Nur: Wenn wir eine Erklärung haben, dann haben wir überhaupt noch keine Lösung. Im Gegenteil: Mit dem Namen hast du die Sache noch fester geschrieben!

Spontane Lösungen

Teilnehmerin:

Woran erkenne ich, dass sich etwas wirklich gelöst hat, und wie lange dauert das?

Nelles:

Was man so beobachten kann, sind zwei Dinge. Manchmal gibt es – abgesehen von dem, was man so unmittelbar während des Seminars spürt – spontane Verbesserungen ganz erheblicher Art. Dass sich wirklich Dinge schlagartig geändert haben und das auch bleibt. Das habe ich vor allem bei einigen psychosomatisch bedingten Krankheiten erlebt, zum Beispiel bei Bulimie oder Migräne. Da gibt es sehr eindeutige Verstrickungen und wenn das gelöst ist, verschwindet das Symptom. Es kann aber später wiederkehren, wenn die Lösung in der Tiefe nicht weitergeht.

Auf der tieferen Ebene dauern solche Änderungen – gerade was Beziehungsgeschichten angeht – sehr viel länger! Das dauert Jahre, obwohl es auch hier in der Regel spontane Verbesserungen gibt. Es bewegt sich weiter, wenn man innerlich dabeibleibt. Wie weit die Lösung im Alltag reicht, hängt aber davon ab, wie tief man sich ihr innerlich öffnen kann.

In der Lösung ist man allein

Manchmal geht es auch zurück, manchmal hält auch jemand die Lösung nicht aus. Das kann aus ganz verschiedenen Gründen sein. Ein Grund ist der, dass die Verstrickung immer mit Liebe zu tun hat, und zwar einer kindlich-magischen Liebe, die ganz aufzugeben uns sehr schwer fällt. Das Kind, das das Gefühl der Mutter aufgreift und aus diesem Gefühl heraus lebt – es hat ja das Gefühl, dass es unschuldig ist! Und dass es „gut" ist, wenn es den Schmerz oder die Last der Mutter trägt. Wenn das Kind davon ablässt und sein eigenes Leben führt, dann hat es das Gefühl, es wird der Mutter untreu, und es fühlt sich schuldig.

Häufig ist das ambivalent: Auch wenn man sich einerseits dagegen wehrt, dass man in etwas hineingezogen wird, gibt es eine andere Instanz in einem, die das trotzdem auf sich nimmt. In der Lösung liegt immer ein Element von Schuld – subjektiv, als Schuldgefühl. Weil man dann allein steht und die Mutter oder den Vater – oder wer auch immer das jetzt ist, mit dem man in einer Verstrickung verbunden war – man lässt die Person mit ihren Problemen allein zurück. Auf einer bestimmten Ebene ist es leichter, verstrickt zu bleiben, weil man sich dann gut und unschuldig fühlt. Jede Lösung ist ein Schritt von der symbiotischen Verbindung mit der Gruppe, aus der ich stamme, weg.

Und jede Lösung macht ein Stück einsamer. Man ist nicht mehr in der innigen Verbindung mit der Gruppe oder der Person, um die es geht. Man muss sich dann mit etwas Größerem verbinden, wobei die Verbindung eine nicht so dichte ist, sondern sie ist weiter. Man tritt aus der Gruppe, in der man zusammen war, heraus, und geht ein Stück den Berg hoch und sieht dann viele Gruppen, mit denen man verbunden sein kann. Man ist aber in keiner mehr so geborgen, wie man vorher war. Man steht da allein auf dem Berg. Dieses Gefühl von Unschuld, Geborgenheit und Dabeisein kann einen durchaus wieder zurück in das Alte ziehen. Man braucht eine gewisse Kraft, um die Lösung auch auszuhalten.

Lösung in Verbundenheit

Diese Kraft bekommt man, wenn man sich von der Gruppe, in der man war, in der Weise verabschiedet, dass man sagt: „Ich achte meine Zugehörigkeit zu euch. Ich achte das, was ich von euch bekommen habe. Das macht auch das aus, was ich bin. Ich nehme das in Dankbarkeit mit. Jetzt gehe ich meinen eigenen Weg." Dann sind beide Seiten entlastet. Dann sind die Eltern, die Familie, die Gruppe, in der man war, entlastet, weil sie sehen, dass das Kind frei ist und das Schwere nicht mehr mittragen muss. Das entlastet auch die Eltern und sie lassen es in der Regel gerne gehen. Man selber ist entlastet, weil man spürt, dass man mit Rückenwind geht, dass man eine Zustimmung hat.

Wenn man aber hingeht und sagt: „Mit eurem Scheiß will ich nichts mehr zu tun haben! Das ist ja alles überholt, ich mache mein eigenes Ding" oder „Ich mache alles besser", dann ist man nur äußerlich frei. Innerlich zieht es einen immer wieder zurück, innerlich bleibt man im Negativen gebunden.

Gewohnheiten

Das Gefühl, zu gehen, macht immer ein Stück einsam, deswegen ist die Lösung nicht so leicht zu haben. Es ist gut, dies zu wissen! Dieser Prozess dauert seine Zeit, der dauert ein, zwei, drei Jahre. Er mag manchmal fast unbemerkt vonstatten gehen. Was relativ schnell geht, was ich immer wieder höre nach Familienaufstellungen, das ist: Die Leute kommen nach Hause und ihre Beziehung zu Eltern oder Geschwistern, die lange nicht oder gar nicht mehr funktionierte, hat sich völlig geändert, ist leichter geworden.
Aber die grundlegenden Muster, die daraus folgen – und diese Muster sind es ja, die uns in Beziehungen auch an den Rand bringen und die Beziehungen kaputt gehen lassen – diese grundlegenden Muster drehen sich in der Regel nicht in einer Woche um.
Ein Bild, mit dem man sich das vorstellen könnte, wäre folgendes: Aus den Mustern folgen Gewohnheiten und diese haben aus der Verstrickung immer wieder ihre Energie bezogen. Das

ist so, wie wenn man beim Radfahren eine Pedale getreten hat oder man hat beim Autofahren den Gang eingelegt. Wenn man diese Energiezufuhr kappt – und das ist es, was hier in der Aufstellung passiert, dass man die Energiezufuhr aus der Vergangenheit kappt – dann hat das Auto oder das Fahrrad keinen Antrieb mehr, dann bekommt die Gewohnheit keine Nahrung mehr. Aber auch im Leerlauf rollt das Rad oder das Auto noch eine Zeit lang weiter. Auch ohne dass du weiter in die Pedale trittst. Die Gewohnheiten sind also noch eine Zeit lang da.

Lösungen sind nie perfekt

Teilnehmerin:
> Ich denke manchmal, ich hätte etwas gelöst, und dann kommt es nach einiger Zeit doch wieder. Wie kann man diese Dinge ganz auflösen?

Nelles:
> Über diesen ganzen Prozess, wie seelische Wunden und auch Verstrickungen heilen oder sich lösen, gibt es viele Vorstellungen, die ich für falsch halte. Zum Beispiel die, dass man daran arbeiten müsste, bis man nichts mehr davon merkt.
>
> Es ist auch bei körperlichen Wunden so, dass etwas auch dann noch gelegentlich schmerzt oder als Schwachstelle bemerkbar ist, wenn es verheilt ist – selbst wenn es völlig geheilt ist, ist oft eine Narbe da, die bei bestimmten Situationen noch einmal schmerzt. Diese Vorstellung: Ich habe etwas bearbeitet und jetzt muss es gut sein, die ist nicht richtig. Die ist nur insofern richtig, als dass es nicht noch weiter bearbeitet werden muss. Aber nicht in der Weise, dass man meint, da dürfte dann der Schmerz – oder was sonst damit verbunden war, das Verhaltensmuster – nicht wieder auftauchen.

Wenn es wieder auftaucht und man das wie einen Gast behandelt, der gern noch etliche Male kommen darf, dann wird es mit der Zeit verschwinden. Aber in seiner Zeit. Und vielleicht bleibt eine Spur davon zurück, eine Erinnerung. Das ist meist gut so. Wenn man aber sagt: „Ich habe das doch bearbeitet, und ich will das jetzt nicht mehr haben, wann ist es endlich ganz weg", dann manifestiert man dieses Ding wieder. Man muss auch den Verstrickungen, ja auch den Krankheiten, freundlich gesinnt sein.

Lösungen sind der Beginn neuer Probleme

Teilnehmerin:
Ich fühle mich manchmal, als würde mein Inneres nach außen gekehrt. Das macht mir etwas Angst und ich frage mich, wie meine Umwelt damit umgeht, wenn ich plötzlich anders bin. Vielleicht wollen dann einige nichts mehr mit mir zu tun haben.

Nelles:
Das ist etwas, was wir alle bei Veränderungen erwarten können. Du und die Umwelt, das ist eine eingespielte Sache. Da wird gewohnheitsmäßig reagiert. Wenn du dich jetzt veränderst, reagieren andere Menschen, die mit dir zu tun haben, verunsichert. Dann funktionieren diese Muster nicht mehr. Das muss man sehen und mit einbeziehen. Es kann auch sein, dass es dazu gehört, dass sich einige von einem abwenden, dass man mit einigen nicht mehr kann. Dafür wird aber Platz für Neues, für neue Leute und für anderes.
Wenn du das Gefühl hast: Mein Inneres wird nach außen gekehrt – das heißt ja dann: Du hast dein Inneres bisher gut verborgen! Das bedeutet auch, du gibst allen Menschen, mit denen du zu tun hast, ein bestimmtes Bild von dir, ein Bild,

das mit deinem Innern nicht übereinstimmt – und die Leute reagieren auf dieses Bild. Wenn du das Bild der unabhängigen, kompetenten, starken Frau nach außen gibst, dann ziehst du auch Leute an, die mit unabhängigen, kompetenten, starken Frauen gut können und zu tun haben wollen. Wenn jetzt plötzlich deine Unsicherheiten an die Oberfläche kommen, sind die Leute völlig irritiert und sagen: „Eigentlich wollte ich mich doch an der aufrichten – jetzt braucht sie selber jemanden, an den sie sich anlehnt, was ist denn das?" Aber du hast dann natürlich in deinem Leben, in deiner Umwelt, Leute angezogen, die durch ihr Verhalten diese Außenseite, die du ihnen präsentierst, auch festigen und ihr Nahrung geben. Und auf die Weise verkümmert das, was du nicht nach außen gibst, was du nicht zeigst.

Wenn das jetzt nach außen kommt, dann gibt es auch andere Begegnungen. Das führt manchmal zu mächtigen Irritationen und auch zu großer Angst. Aber du musst dir klar machen, dass das im Grunde der Prozess ist, den du willst. Du willst, dass auch diese Seiten in dir, die nicht diesem äußeren Bild entsprechen, auch ins äußere Bild kommen dürfen. Natürlich ist das eine völlige Unsicherheit. Man kann auch sagen: Lösungen sind der Anfang von neuen Problemen – aber ich spreche lieber von Herausforderungen.

Erfolg und Misserfolg

Ich sage das noch einmal für alle, weil wir mit unseren Begriffen von Erfolg und Scheitern sehr schnell bestimmte Maßstäbe setzen und uns dann selber auch an Punkte bringen, wo wir meinen, wir müssten es noch mal und noch mal und noch mal versuchen. Ich kenne Leute, die das, was man so in Büchern als Lösung liest, nicht erreicht haben, und noch mal und noch mal und noch mal aufstellen (nicht bei mir, ich mache das nicht!), wo ich denke: Wann hörst du endlich auf? Wann siehst du endlich ein: Es ist nicht gescheitert, sondern das Scheitern besteht darin, dass du immer wieder diesen Kreis machst!

Für alle, die in einer Aufstellung an Grenzen stoßen: Es ist nicht einfach nur vergeblich. Das ist kein Scheitern. Wer seine Grenzen nimmt, hat die Lösung!

*

Du kannst dich nur ergeben. Und was sich dann ergibt, wenn du dich ergibst, das ist dann das Ergebnis. Und das Ergebnis ist immer etwas, was sich ergibt, und nichts, was wir machen können! Dazu bedarf es eigentlich nur einer Einsicht.

Also: Ergib dich!

Die Not wendet

Ich möchte euch einen Brief vorlesen, den mir eine Teilnehmerin etwa eineinhalb Jahre nach ihrer Aufstellung schrieb, und der deutlich macht, wie es in der Seele zu guten Lösungen kommt. Die Teilnehmerin schreibt:

> *„Ich habe letztes Jahr im Januar in Köln an einer Aufstellung bei dir teilgenommen, und es hat sich durch die Aufstellung sehr viel getan.*

Es ging, kurz gesagt, darum, dass meine Mutter mit neun Jahren als Sudetendeutsche ihre Heimat verlassen musste. Du sagtest zu mir, dass ich meine ‚weiblichen Wurzeln‘ völlig abgeschnitten hätte und mich total mit der Familie meines Vaters, den ich geliebt habe und der mich missbraucht hat, identifiziert habe. Ich sollte mich dann während der Aufstellung ganz tief vor dem Sudetenland verneigen. Bisher wollte ich ‚mit diesem ganzen reaktionären Kram‘ wie Vertriebenenverbänden etc. nichts zu tun haben und hatte mich deshalb überhaupt nicht mit der Vergangenheit meiner Mutter auseinander gesetzt.

Durch die Familienaufstellung bin ich neugierig geworden, habe jedoch noch bis Weihnachten gewartet und dann zum ersten Mal die Kopien hervorgeholt, die meine Mutter mir auf meinen Wunsch hin direkt nach der Familienaufstellung zugeschickt hatte. Es waren Buchauszüge von Interviews, die Anfang der 50er Jahre mit verschiedenen Bewohnern des Ortes, aus dem meine Mutter stammte, gemacht wurden. Ich musste heulen wie ein Schlosshund. Meine Mutter hatte zwar früher ab und zu mal vom ‚Lager‘ erzählt, aber ich hatte mir da so eine Art Ferienlager vorgestellt. Jetzt las ich, was da wirklich abging bzw. was diese Leute berichteten. Jetzt las ich, welche Demütigungen, Vergewaltigungen, Brutalitäten, Raub und Mord von Seiten der tschechischen Bevölkerung und auch der russischen Besatzer an den deutschstämmigen Bewohnern des Sudetenlandes stattfanden.

Von meinem Vater hatte ich als Kind immer nur gehört, dass die Deutschen selbst Schuld sind, sie hätten ja schließlich den Krieg angefangen; und er gab immer den Tschechen und den Russen Recht. Doch jetzt beim Lesen begann mein Bild zu bröckeln. Natürlich ist es durch nichts zu verzeihen, was die Deutschen anderen Volksgruppen und Völkern (allen voran den Juden und den Russen) angetan haben, aber auf einmal begann ich Mitleid für meine Mutter zu empfinden. Sie war ein neunjähriges Kind, sie hatte ihren Vater noch vor ihrer Geburt verloren, ihre Mutter war als Besitzerin eines Lebensmittelgeschäftes sehr beliebt bei der tschechischen Bevölkerung und sprach fließend deren Sprache.

Und ihre Mutter hatte wegen des Geschäfts nie Zeit für sie. Ich rief meine Mutter dann kurz vor Sylvester an und erzählte ihr, wie sehr mich die Interviews berührt haben. Ich bat sie, mir doch so detailliert wie möglich ihre eigenen Erinnerungen aufzuschreiben. Sie war ganz erstaunt, dass sich jemand dafür interessiert und sagte ,ja'. In den nächsten Wochen schrieb sie täglich mehrere Stunden und schickte mir dann den Bericht, zusammen mit Kopien von allen möglichen alten Dokumenten, die sie noch besitzt. Wiederum musste ich total heulen. Und meine ansonsten immer so gefasste Mutter gestand mir, dass es sie auch öfters ,überkam' beim Schreiben. Sie war sehr berührt, dass mich das alles so interessierte.

Anfang März fand ein Seminar mit Michael Barnett in Prag statt. Ich beschloss, daran teilzunehmen und nach Abschluss des Seminars in den Heimatort meiner Mutter zu fahren. Meine Mutter war ganz aufgeregt, und fortan schickte sie mir Skizzen, wie ich vom Bahnhof zum Haus ihrer Mutter komme, kopierte mir Informationen über Tschechien aus dem Internet, schrieb mir tschechische Wörter auf, schickte mir Photos von dem Haus und Postkarten von dem Ort.

Schon während des Seminars in Prag fühlte ich mich zu Hause. Ich bekam von einer Assistentin von Michael die Rückmeldung, dass sie das Gefühl habe, meine Energie und die Energie der tschechischen Teilnehmer passe total zusammen. Auch in Prag fühlte ich mich total wohl. Ich liebe die Sprache und die Mentalität der Menschen. So ein Gefühl von ,Heimat' tauchte in mir auf. Ich hätte sofort dort bleiben können.

Nach dem Seminar war es dann soweit. Bei eisiger Kälte fuhr ich zweieinhalb Stunden in zwei unbeheizten Zügen zum Heimatort meiner Mutter. Dort angekommen, war ich total positiv erstaunt. Ich hatte mir immer ein kleines Kaff vorgestellt, kam jedoch in einer Kreisstadt an. Die Stadt und ihre alten Kirchen und Gebäude gefiel mir sofort (trotz der eisigen Kälte und meiner völlig unangemessenen Kleidung). Dank der Skizzen meiner Mutter fand ich das Haus meiner Oma sehr schnell. Es gefiel mir sehr gut. Und für einen Moment tauchten zum ersten Mal in meinem Leben Gedanken auf, für die ich mich anschließend schämte. Ich dachte mir, wie das wohl wäre, wenn mir neben meiner Schwester und meinen beiden Cousins ein Viertel dieses wunderschönen Eckhauses gehören würde. Geschämt habe ich mich deshalb, weil die Halbschwester meiner Mutter seit Jahrzehnten alles daran setzt, dieses Haus wiederzubekommen, das meine Oma ‚mit ihrer Hände Arbeit' aufgebaut hat. Von Kind an habe ich von meinen Eltern und besonders von meinem Vater immer wieder gehört, dass sie mit diesen reaktionären Machenschaften meiner Tante nichts zu tun haben wollen, und dass die Enteignung des Hauses wenigstens eine geringe Wiedergutmachung für das ist, was die Deutschen im Krieg anderen angetan haben.

Aber dann stand ich davor und musste daran denken, dass meine Oma seit ihrem vierzehnten Lebensjahr schwer geschuftet hat und zweimal vor der Geburt ihres jeweiligen Kindes den Vater des Kindes durch Tod verloren hat. Ich musste daran denken, wie bescheiden sie immer war und dass sie sich dieses Haus förmlich vom Munde abgespart hatte. Und ich musste daran denken, dass sie im Alter von 49 Jahren all das verloren hat und später im Westen als ‚zu alt' abgestempelt wurde und ihr Dasein durch Hilfsarbeiten fristen musste, um meine Mutter und ihre Halbschwester durchzubringen.

Als ich so in Gedanken versunken dastand, wurde auf einmal in der obersten Etage des Hauses ein Vorhang zur Seite geschoben und eine uralte Frau beobachtete mich. Meine Mutter hatte mir vorher erzählt, dass zwei alleinstehende Frauen das Haus damals nach der Enteignung vom tschechischen Staat bekommen hatten. Sie war jedoch der Meinung, dass die beiden Frauen wohl nicht mehr leben. Als ich dann diese uralte Frau dort oben am Fenster sah, ging regelrecht mein Herz auf. Und auf einmal hatte ich ein Gefühl tiefsten Friedens. Auf einmal war es für mich total okay, dass dieses Haus jetzt in tschechischen Händen ist und bleibt, und ich habe mich sehr darüber gefreut, wie liebevoll gepflegt das Haus aussah. Ich fand es schade, dass ich kein tschechisch spreche, denn sonst hätte ich mich gerne mit der alten Frau unterhalten. So jedoch habe ich mir noch eine Weile die Umgebung angeguckt und bin dann gegangen. Es war ganz aufregend, den Hügel

zu sehen, auf dem meine Mutter immer mit dem Schlitten herunter-
gefahren ist, und den Berg zu sehen, auf dem sie ihre ersten Skier aus-
probiert hat.

Auf dem Rückweg zum Bahnhof habe ich einen alten Mann auf
englisch nach dem Weg gefragt, und er antwortete mir in fließendem
Deutsch. Dann bin ich zufällig(?) an den Restmauern der damaligen
Synagoge vorbeigekommen, die – laut Tafel – in der Reichskristall-
nacht zerstört worden ist. (Meine Mutter konnte sich an die Synago-
ge überhaupt nicht mehr erinnern, aber sie war ja auch noch nicht
einmal drei Jahre alt, als diese zerstört wurde). Als ich vor diesen
Mauern stand, war ich noch einmal sehr berührt, und mein Gefühl
von Scham tauchte wieder auf.

Mit meiner Mutter habe ich seit Anfang des Jahres ein wesentlich
innigeres Verhältnis als jemals vorher. Wir telefonieren jede Woche,
und ab und zu, wenn ich in Köln bin, treffen wir uns. Es ist so, als
wäre ein Knoten geplatzt. Bisher hatte ich immer das Gefühl, dass
sie meine Schwester vorzieht, jetzt plötzlich hat sie sich bei einer Dif-
ferenz mit meiner Schwester auf meine Seite geschlagen. Und plötz-
lich ist sie wirklich eine Mutter für mich, die mich unterstützt und
mir Mut zuspricht, all das, was ich in der Kindheit vermisst habe. Es
ist so, als habe sich durch meine Beschäftigung mit ihrer und meiner
Vergangenheit auch etwas in ihr gelöst, und auch sie hat sich gesehen
gefühlt. Durch die Familienaufstellung sind Brücken geschlagen wor-
den. Danke!"

An diesem Beispiel kann man sehen, wie die Seele arbeitet. Sie
arbeitet nämlich von alleine, wir müssen dazu nicht an unserem
Problem arbeiten. Im Gegenteil, das stört sogar. Diese Klientin
hier hat gewartet, fast ein ganzes Jahr lang, und ihre Seele hat
für sie die Arbeit getan. Aber die Seele arbeitet nur, wenn man
wirklich bereit ist, sich dem, was Not tut, auch zu stellen. Das
gehört dazu. Und um die Kraft zu haben, sich etwas Schwerem
zu stellen, muss man tief in seine eigene Not hineingehen, damit
die Not etwas wendet in einem. Damit ein Gefühl der Not-

wendigkeit entsteht. Und nur die innere Not wendet etwas in uns. Solange wir sagen: Ich finde das alles sehr interessant und ich möchte jetzt mal wissen, warum das und das bei mir passiert ist oder das und das nicht klappt, sind wir nicht mit unserer inneren Not in Kontakt.

Deswegen sage ich immer in diesen Runden: „Ich will wissen: Wo drückt euch der Schuh? Ich will keine Theorien darüber, was in der Familie gewesen sein könnte." Leider sind wir nun mal so, alle, wir alle sind so, dass wir uns nur von der unmittelbaren Konfrontation mit der Wirklichkeit berühren lassen. Und zwar an den Punkten, wo wir wirklich eine Not empfinden.

Dann muss man bereit sein, vor der Not zu stehen und sich nicht darüber zu beklagen, dass sie einen befallen hat, sondern sich von ihr berühren zu lassen. Das bringt dann etwas in Bewegung, was die Not vielleicht wendet. Und am Ende müssen wir dann meistens einige unserer tiefsten Überzeugungen opfern, um uns vom Leben weiterführen zu lassen.

*

Aus der Schwere, wenn man sie annimmt und sich ihr stellt, erfolgt der Ernst, und aus dem Ernst folgt die Kraft!

Der Seele vertrauen

(Nach einer besonders schweren Aufstellung)
Die Seele hat für alles Platz. Das in sich hereinzulassen ist eine innere Haltung, eine Leistung, die über das Ich hinausgeht und seine Grenzen sprengt. Dieses Wegschauen, das wir in der Aufstellung gesehen haben, ist der Versuch, am Ich festzuhalten. In der Aufstellung konnte dieser junge Mann, konnte sein Ich das Grauen nicht verarbeiten, das er gesehen hat. Auch du kannst

dieses Grauen nicht „integrieren". Das Einzige, was du tun kannst, ist, dich von dem Bild, das du gesehen hast, leiten lassen. Du kannst es nicht verarbeiten. Du kannst dich davon sozusagen an die Hand nehmen lassen; dann führt es dich über diese Grenzen deines Ichs hinaus. Das geschieht völlig unmerklich, d. h. du brauchst dir keine Worte zu merken und kein Bild festzuhalten. Sonst sinkt das Bild nicht wirklich in deine Seele ein. Wenn du es festhalten willst, bleibt es in deiner Erinnerung und in deinem Verstand.

Du machst also gar nichts damit – gar nichts! Sonst versuchst du da etwas zu konstruieren, wie du es dann handhabst. Dafür ist das viel zu groß. Lass es einfach völlig los.

*

All das, wo dich so etwas berührt, das arbeitet an dir, und wenn du dann noch etwas tust, dann greifst du in diese Arbeit ein. Was hier passiert, das arbeitet in dir. Wenn es dich berührt, arbeitet das. Und wenn du dem zustimmst, dass es an dir arbeiten darf, dann ist es genug.

*

Lass dich von diesen Anstößen stoßen – mehr ist nicht zu tun. All dieses An-sich-Arbeiten ist immer noch der Versuch, die ganze Geschichte unter Kontrolle zu halten. Wer arbeitet denn an sich, wenn ich sage: „Ich arbeite an mir?" Das ist das Ego, das etwas erreichen will. Wenn man aber darauf verzichtet und sich dem Leben und auch seinem Schrecken und auch dem Schmerz aussetzt – tatsächlich *sind* wir dem ausgesetzt –, und wenn man nur das Wegschauen sein lässt, dann *wird* man bearbeitet. Und so ist das auch mit dem Sich-ändern-Wollen.

Ich kann mich nicht ändern. Das ist unmöglich. *Ich* kann mich nicht verändern. Aber wenn ich mich dem Leben aussetzte, dann *werde* ich verwandelt. Das Leben an sich ist ein ständiger Wandlungsprozess. Der Mensch verwandelt sich – vom Embryo zum Kind, zum Jugendlichen, wird älter…. Aber wenn ich diesen Prozess machen will – das geht gar nicht.

Gefühle

Drei Arten von Gefühlen

In den Aufstellungen spielen Gefühle eine wichtige Rolle. Anders als in vielen anderen Gruppen und Therapien ist ein genereller Gefühlsausdruck jedoch unerwünscht und wird unterbunden, es sei denn, es handelt sich um ein primäres Gefühl. Wir arbeiten nur mit primären Gefühlen, weil dies die einzigen sind, die der Wirklichkeit angemessen sind und alle Beteiligten stärken und befreien. Eine der Künste beim Aufstellen besteht darin, die Gefühlsebenen zu erkennen und den Klienten ohne Umweg zum primären Gefühl zu führen.

Ich unterscheide zwischen drei Arten von Gefühlen, nämlich primären Gefühlen, Sekundärgefühlen und übernommenen Gefühlen. Man kann die verschiedenen Gefühle an ihrer Wirkung erkennen. Ich möchte sie kurz beschreiben:

Primäre Gefühle sind Gefühle, die der Situation entsprechen und zum Handeln befähigen. Beim primären Gefühl ist man in Kontakt, die Augen sind offen, man schaut auf die Person oder die Situation. Man fühlt und ist gleichzeitig bei sich (und nicht „außer sich" vor Zorn, Wut, Trauer, Entsetzen...). Primäre Gefühle machen frei und sind stärkend. Primäre Trauer z.B. macht sowohl den Trauernden als auch den Betrauerten frei und stark. In Gegenwart primärer Gefühle fühlt man sich frei.

Es gibt eigentlich nur zwei primäre Gefühle, nämlich Liebe und Trauer. Ich sage „eigentlich", weil manchmal auch die Wut ein primäres Gefühl sein kann. Das ist aber nicht die Wut, die wir im Allgemeinen kennen und fühlen, sondern die ursprüngliche Aggression, die zum Beispiel auftritt, wenn man angegriffen wird. Diese befähigt ebenfalls zum direkten, gezielten Handeln, während die gewöhnliche Wut ein angestautes und eher ohnmächtiges Gefühl ist, das entweder unterdrückt wird oder sich ziellos entlädt.

Sekundäre Gefühle sind Abwehrgefühle, meist gegen ein primäres Gefühl. Sie verdecken ein tieferes, primäres Gefühl und verhindern, dass man Liebe oder Trauer und die damit zusammenhängende Hilflosigkeit fühlt. Wut ist ein typisches Abwehrgefühl, und deshalb nützt es nicht viel, wenn man in Therapien ermuntert oder gar dazu getrieben wird, seine Wut herauszubrüllen. Es wirkt zwar entladend und daher auch zunächst befreiend, hält einen aber meist auf der Ebene des Sekundärgefühls fest.

Sekundäre Gefühle sind auch Opfergefühle und sollen meist *andere* zum Handeln bewegen. Man kann sich wunderbar in solche Gefühle hineinsteigern. Die ganze Welt ist gegen einen, und man ist das ärmste Schwein, was man sich denken kann.

In der Gegenwart von Menschen, die in einem solchen Gefühl sind, fühlt man sich unfrei, unwohl, bedrängt oder manipuliert.

Ein sekundäres Gefühl erkennt man auch daran, dass es kaum aufrechterhalten werden kann, wenn man dem anderen in die Augen schaut. Deshalb meidet man den Augenkontakt.

Übernommene Gefühle sind Gefühle, die stellvertretend für jemand anderen empfunden oder geäußert werden (z.B. wenn jemand die – vermeintlichen – Gefühle von Unterdrückten, Armen, Minderheiten etc. ausdrückt). Also die Gefühle, mit denen Politik gemacht wird. Rechthaberei, Besserwissen, „Engagement", Helfertum etc. basieren auf übernommenen Gefühlen. Diese schwächen sowohl denjenigen, der diese Gefühle hat, als auch diejenigen, für die sie stellvertretend geäußert werden. Übernommene Gefühle stammen meistens aus einer Verstrickung mit Vorfahren aus der eigenen Familie. Also auch wenn jemand sich besonders für andere einsetzt und sich deren Gefühle zu eigen macht, beruht das auf seiner eigenen Familiengeschichte. Die „Armen" – oder wer auch immer das ist – stehen für ein Mitglied der eigenen Familie.

In Beziehungen werden übernommene Gefühle auf den Partner oder die Kinder übertragen.

Liebe

Die Liebe ist eine unkontrollierbare Kraft

Wir müssen uns eingestehen, dass wir mit unserem Leben – mit dem was wir tun, mit dem, was wir lassen, mit dem, was uns widerfährt und der Weise, wie wir mit dem, was uns widerfährt, umgehen – in Kräfte eingebunden sind, die sehr weitgehend außerhalb unserer Kontrolle liegen. Wir neigen dazu zu meinen, wir könnten unser Leben managen, wir hätten es in der Hand. Es gibt dieses Wort – oder dieses Unwort – vom „Lebensplan". Und Leute sagen dann, das war in meinem Lebensplan nicht vorgesehen. Als wenn das Leben etwas wäre, wie wenn man ein Haus baut. Und selbst wer ein Haus gebaut hat, der weiß, dass man einen Plan macht, und hinterher läuft die Geschichte ganz anders. Mit einem lebendigen Prozess ist das noch eine ganz andere Geschichte.

Diese Vorstellung, man hätte da etwas in der Hand, die ist völlig abwegig. Erst recht gilt dies für eine so völlig unwägbare Kraft wie die Liebe. Das ist etwas, was einerseits von Anfang an in uns drin ist, was wohl offenbar jedem Menschen von Geburt an mitgegeben ist. Bei Kindern kann man zum Beispiel sehen, dass die Liebe zu den Eltern ganz tief geht und einen ein Leben lang begleitet. Auf der anderen Seite widerfährt es uns dann im späteren Leben, dass wir plötzlich von einer Kraft gepackt werden, die uns Dinge tun lässt, die wir normalerweise nicht tun würden – ich meine die Liebe und auch die Leidenschaft.

Wenn es eine solche Kraft gibt, die plötzlich über uns kommt, quasi aus dem Nichts entsteht, dann gehört es zum Wesen dieser Kraft, dass sie genauso wieder verschwinden kann. Das heißt, wir haben sie nicht gemacht, wir haben zu ihrem Entstehen nichts beigetragen. Diese Kraft ist etwas, was offenbar eine Art Eigenleben führt. Und weil das so ist, können wir sie auch nicht kontrollieren und wir können, wenn sie denn in ihrer Unergründlichkeit beschließt, wieder zu gehen, sie auch nicht halten. Von daher ist es wichtig zu sehen, dass wir es nicht nur bei der Liebe, sondern bei allen anderen Dingen, die uns tief im Leben berühren, mit Kräften zu tun haben, die völlig unabhängig von unserer Kontrolle sind. Und weil das so ist, berühren uns diese Kräfte auch so sehr und deswegen fürchten wir sie auch so sehr.

Der Liebe folgen

Teilnehmerin:

Ich kann mich nicht ganz auf meine Beziehung einlassen und für meinen Mann entscheiden, und ich weiß nicht, ob es richtig ist, zu bleiben oder zu gehen.

Nelles:

In der Tiefe geht es nicht darum, dich zu entscheiden, dich für ein Ja oder Nein zum Partner zu entscheiden. Wenn du zu dem Ergebnis kommst oder wenn du fühlst: Ich liebe den Mann, dann geht es darum, ja zur Liebe zu sagen (oder nicht). Es geht gar nicht um den Partner, sondern es geht um dich. Die Entscheidung ist schon getroffen. In deinem Inneren ist die Entscheidung vollkommen klar – die machst du nicht! Es geht dann letztlich darum zu schauen: Bin ich bereit, dem auch ganz durch die Schwierigkeiten und die Schmerzen, die damit verbunden sind, zu folgen? Dem zu folgen, was in meinem Inneren eigentlich entschieden ist? Da braucht man sich nur ehrlich zu fragen: Bin ich nach wie vor mit diesem Mann verbunden oder hat diese Verbindung aufgehört?

Und dann mit tiefer Aufrichtigkeit diesem Weg zu folgen. Das ist nicht eine Entscheidung für oder gegen den Mann, sondern das ist ein ehrliches Hinhorchen. Auf einer ganz tiefen Ebene weiß man das, und man weiß dann nicht, warum man das weiß, oder warum man das macht – man fühlt sich einfach sehr sicher in dem, was man tut.

Wenn du unsicher bist, dann frage dich: Was wäre beängstigender für mich: ein totales, uneingeschränktes Ja zum Partner, wie er ist, oder ein klares Nein?

Wo die größere Angst liegt, dahin führt meist der richtige Weg. Und die größte Angst macht nach meiner Erfahrung meistens das uneingeschränkte Ja zur Partnerschaft. Trennung ist sehr oft Flucht, weil man sich nicht dem Schmerz der Wandlung aussetzen will und dem Schmerz des wirklichen Lebens. Man sucht lieber noch ein bisschen, ob es nicht noch etwas Leichteres gibt, ein bisschen Hollywood. Wenn eine Trennung tatsächlich die richtige Lösung ist, dann weiß man das, dann ist man sehr ruhig und klar – und traurig.

*

In der Liebe, wenn man sich ihr überlässt, ist man hilflos. Wenn ich sehe, dass ich einen Menschen liebe und der tut mir weh oder er macht vielleicht ganz große Dummheiten – da ist man hilflos. Man kann das zum Beispiel ganz gut sehen gegenüber eigenen Kindern. Wenn diese heranwachsen und ihre eigenen Sachen machen, dann sieht man irgendwann: Ich bin hilflos, ich kann nichts machen. Und was dich ganz schwach macht, ist deine Liebe. Und gleichzeitig macht die Liebe dich auch stark. Aber sie macht dich nicht in der Weise stark, dass du die Situation kontrollieren könntest. Sondern du weißt einfach: Meine

Liebe bleibt davon unberührt, was immer der geliebte Mensch auch tut.

In diese Hilflosigkeit kommst du auch, wenn du die Liebe zu einem Mann wirklich da sein lässt. Du bist ihm letztendlich ausgeliefert, und wenn du dann noch zugibst: Ich hätte gerne das und das von dir, ich habe dieses und jenes Bedürfnis – dann bist du restlos ausgeliefert. Das Urbild des Ausgeliefert-Seins ist der sexuelle Akt. Dabei zieht man sich aus, man ist nackt. Ein Mann kann dabei sein Begehren nicht mehr verstecken. Ich weiß nicht, ob ihr Frauen das wisst, aber für einen Mann, vor allem für einen jungen Mann, ist das ein Zustand höchster Verletzlichkeit. Für eine unerfahrene Frau mag es bedrohlich aussehen, ein Mann fühlt sich exponiert und verletzlich – nicht körperlich, sondern seelisch. Und eine Frau wird beim Akt tatsächlich verwundet. Also beide sind auf ihre Weise dabei sehr verwundbar und hilflos.

Wenn sie sich dann auch nicht nur äußerlich nackt machen, sondern auch innerlich, dann sind sie vollkommen verletzlich. Aber je tiefer man diese Verletzlichkeit und Bedürftigkeit, die ebenfalls da ist, zulässt, um so größer ist auch die Erfüllung. Wenn man das versucht zu kontrollieren, dann geht die Erfüllung nicht sehr tief. Die Bedingung für einen erfüllten Liebesakt ist also, dass man sich in seiner ganzen Verletzbarkeit und Hilflosigkeit dieser Situation hingibt. Das ist so das Grundbild, an dem man sehen kann, was die Liebe mit einem macht.

Ich möchte noch etwas hinzufügen: Man gibt sich der *Situation* hin, also der Wirklichkeit, wie sie ist, man gibt sich nicht dem Partner hin. Beide geben sich zusammen etwas Drittem hin.

Verliebtheit

Eine Illusion, die man auch aufgeben muss, ist die Illusion der Verliebtheit. Sie steht am Anfang einer Beziehung und da steht sie richtig. Aber die wirkliche Liebe wandelt sich, sie bleibt nicht bei der Verliebtheit stehen. Und im Wandel ist immer der Abschied von dem, was war, enthalten. Also: Die Verliebtheit muss vergehen, damit die Liebe wachsen kann.

Vatertöchter taugen nur zur Geliebten

Eine Teilnehmerin berichtet, dass sie in ihren Beziehungen immer die Geliebte gebundener Männer sei; sie sehe jetzt, dass ihr Vater sie dazu erzogen habe, denn sie sei immer sein Liebling und seine Vertraute gewesen, auch was seine Beziehung zur Frau betrifft.

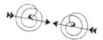

Nelles:

Ich habe auf deine Frage, ob man, wenn der Vater einen in diese Geheimnisse einweiht, zur „Vatertochter" wird, „ja" gesagt. Den weiteren Satz, dass man so zur Geliebten „erzogen" wird, habe ich nicht gesagt – den hast du gesagt!

Teilnehmerin:

Das steht in einem Buch über Familienaufstellungen zum Thema „Vatertochter" drin.

Nelles:

So, wie du die Geschichte darstellst, gibt es keine Lösung, weil nach deinem Bild dich dein Vater so erzogen hat. Er hat dich, so wie du es siehst, zu dem gemacht, was du bist – er ist der

Täter und du bist das Opfer. Und für Opfer gibt es keine Lösung!

Dieses Bild musst du aufgeben, dann hast du eine Chance. Die Lösung liegt darin, dass du zum Kind deiner Mutter wirst, und das kannst du immer noch werden! Und dass du auch siehst: Vatertöchter sind nicht nur Opfer, sondern die haben auch etwas davon.

Teilnehmerin:

Ich fand diesen Zustand der Geliebten auch ganz okay, es hat mir mein Selbstwertgefühl gegeben.

Nelles:

Genau, Geliebte sind die Vertraute des Vaters, und damit stehen sie im Grunde über der Mutter. Das ist ein sehr schönes, ein sehr mächtiges Gefühl und das ist die Verstrickung an der ganzen Geschichte. Die Lösung liegt darin, sich dem Vater gegenüberzustellen und alles zu vergessen, was in die Vater-Tochter-Beziehung nicht hineingehört, es ihm zurückzugeben, indem man sagt: „Das geht mich nichts an, ich lasse es bei dir." Und es zu vergessen. Und damit auch auf die Vertrauensstellung zu verzichten. Und dich dann vor der Mutter zu verneigen und dich neben sie zu stellen. Das wäre der Weg vom Vater zur Mutter und, auf der Beziehungsebene, der Weg von der Geliebten zur Frau. Da musst du aber auf sehr viel verzichten!

*

Jede Lösung setzt einen Verzicht voraus. Ein Kind, das in der Weise so eine starke Position gegenüber dem Vater hat, ist natürlich die Prinzessin. Um zu einem anderen Mann gehen zu können, musst du auf diesen heimlichen Anspruch an den Vater verzichten. Das heißt, der Anspruch wird reduziert auf seine wirkliche Größe, auf sein wirkliches Maß – nämlich auf den eines Kindes. Ansonsten bleibt die Liebe oder die Beziehung nur als Koketterie.

*

(Eine Frau beklagt sich, dass sie sich nicht ernst genommen fühlt)
Es ist wichtig, dass du das ernst nimmst, was dir von anderen entgegenkommt. Dass du das auch als einen Spiegel dessen ansiehst, was du an andere aussendest.
Du musst dich selber als erwachsene Frau ernst nehmen – dann werden das auch andere tun. Und wenn du dich selber als erwachsene Frau ernst nimmst, dann gibst du dich auch nach außen als erwachsene Frau. Dann musst du aber auf den Gewinn verzichten, den du aus diesem Kindfrau-Spiel ziehst. Da ziehst du auch einen Gewinn daraus. Auf den musst du verzichten. Das heißt es, dich selber als erwachsene Frau ernst zu nehmen. Dann wirst du auch von anderen als solche wahr- und ernstgenommen.

Ein Problem in Beziehungen ist, dass wir nach außen von uns ein anderes Bild geben, als wie wir uns innerlich wirklich fühlen. Dann ziehen wir aber Leute an, die auf dieses äußere Bild reagieren, die darauf abfahren. Dann beschweren wir uns, dass die Leute uns nur nach unserem äußeren Bild beurteilen und nehmen, und dass es die Falschen sind; und dass sie uns nicht wirklich sehen. Aber wir zeigen uns gar nicht wirklich!
Wenn so etwas passiert, wenn man sich nicht ganz gesehen oder von den falschen Leuten angezogen fühlt, ist es wichtig, dass man auf sich selber schaut – gebe ich das, was ich bin, wirklich nach außen? Zeige ich überhaupt meine Bedürfnisse? Wir spielen dem anderen etwas vor und erwarten, dass er das Spiel durchschaut und unsere wirklichen Bedürfnisse erkennt, um darauf einzugehen. Das tut er natürlich nicht. Das ist die eine

Seite. Und die andere Seite ist: Wir ziehen durch diese Art, etwas anderes nach außen zu geben, genau die falschen Leute an. Wenn ich innerlich eher unsicher und bedürftig bin und nach außen mich sehr selbstsicher und sehr cool gebe, dann ziehe ich eine Partnerin oder einen Partner an, der selber unsicher und bedürftig ist und jemanden sucht, der stark und selbstsicher und cool ist. Dann ist derjenige natürlich enttäuscht, wenn ich meine Bedürftigkeit zeige, und dann kann er mit mir nichts mehr anfangen. Dann ist er enttäuscht und sucht nach diesem coolen Menschen, der ich aber gar nicht bin.

Die Lösung liegt in dem Mut, sich selber in dem, was man ist und was man wirklich möchte, nach außen auch zu zeigen.

(Zur Teilnehmerin): In deinem Fall auch die Frau, in der eine große Trauer und ein Schmerz ist, und die möchte, dass sie in diesem ganzen Kontext gesehen wird. Wenn du das tust, dann bist du aber sehr verletzlich, deswegen versteckst du das. Du hast deinen Vater nämlich nicht erreicht damit, du bist tief enttäuscht worden, und diese Enttäuschung willst du nicht noch mal erleben. Während du dich in dieser flirtenden Kindrolle sicher fühlst. Das Spiel kennst du und da fühlst du dich sicher – nur bekommst du da nicht, was du möchtest. Das heißt, du musst bei dir anfangen und den Mut aufbringen, dich in dieser Form zu zeigen. Man muss das nicht unbedingt überall tun, gegenüber allen Menschen, aber da, wo es einem wirklich ernst ist und um Partnerschaft geht, ist es wichtig, das zu wagen.

Ideale müssen sterben

Es ist immer schlecht, wenn man eine *Vorstellung* von Beziehung hat. Das ist ein wichtiger Punkt. Denn das Leben richtet sich nicht nach unseren Vorstellungen. Wir können unsere Vorstellungen zwar auch nicht einfach wegpacken – diese Vorstellungen sind nun einmal da – aber es ist ein wesentlicher Schritt, wenn man erkennt, wenn man lernt, dass da Vorstellungen sein mögen, dass man aber bereit ist, diese Vorstellungen der Realität zu opfern.

Und ich stelle dir erst einmal eine Frage, mit der du so ein bisschen schwanger gehen kannst: Was ist dir wichtiger? Deine Vorstellungen oder das Leben? Frage dich mal ganz tief, ehrlich und ernsthaft: Was ist dir wichtiger? Deine Vorstellungen? Deine Überzeugungen? Oder das Leben?

*

Verglichen mit einem Idealbild schneidet die Wirklichkeit schlecht ab. Um die Wirklichkeit zu erfahren, das wirkliche Leben, müssen deine Ideale sterben. Es hilft aber nicht, zu sagen: „Ich hab gar kein Idealbild." Wir haben trotzdem eins! Ein wichtiger Schritt kann sein, sich dies erst einmal zu vergegenwärtigen.

Liebe und Trauer

Für die meisten Menschen unseres Kulturkreises sind Gefühle etwas Beängstigendes. Das hat etwas damit zu tun, dass wir keine Kontrolle über unsere Gefühle haben. Dass die Gefühle uns mitnehmen, irgendwohin, wo wir es nicht mehr kontrollieren können – die wirklichen Gefühle. Das gilt übrigens für Frauen und Männer gleichermaßen! Es ist nicht so, dass Frauen besser fühlen können (weil sie häufiger weinen zum Beispiel). Das Weinen der Frauen ist meistens eine Abwehrmaßnahme. Sie kreieren ein paar Gefühle.

Männer sagen oft, sie fühlen nichts, aber das ist gelogen. Sie schauen vielleicht weg, um nicht vom Gefühl überwältigt zu werden, aber wenn sie hinschauen, fühlen sie sehr wohl und sehr tief. Sie sind dann halt verletzlich und das möchten sie vermeiden. Und Frauen meinen oft, sie fühlten besonders viel, und das ist ebenso gelogen. Sie sind Meister im Produzieren von Gefühlen, aber das ist auch eine Ausweichstrategie – und manchmal auch eine Machtstrategie.

*

Es gibt nur zwei tiefe Gefühle: Liebe und Trauer. Da sind wir zutiefst hilflos und ausgeliefert. Deswegen haben wir vor Gefühlen Angst und versuchen, uns davon möglichst fern zu halten oder es zumindest in einem Rahmen zu halten, den wir noch kontrollieren können.

Die eine Strategie der Gefühlsvermeidung besteht darin zu sagen: „Ich fühle nichts." Das ist eher die männliche, die harte. Die andere Strategie, die weibliche, besteht darin, schnell ein Gefühl zu kreieren, bevor die richtigen Gefühle kommen. Ein bisschen weinen zum Beispiel. Das hat man dann im Griff. Und den Partner hat man damit auch im Griff, denn was kann er schon machen gegenüber dieser armen Frau? Aber wenn man dann etwas Überraschendes sagt oder tut, hören sie sofort mit dem Heulen auf. Das zeigt immer, dass sie in einem solchen konstruierten Gefühl waren. Es gibt zwischen Männern und Frauen verschiedene Strategien, dem Ausgeliefertsein im Gefühl aus dem Weg zu gehen. Aber beide haben sie in unserem Kulturkreis sehr große Angst vor Gefühlen.
Aber ihr müsst eines ganz klar sehen: Wer dem Fühlen und den wirklichen Gefühlen aus dem Weg geht, der meidet das Leben!

*

Teilnehmerin:

Ich habe noch eine Frage zu dem Weinen: Ich bin jemand, der im letzten Jahr sehr viel geweint hat, aber da kommt dieser Schmerz... also ich habe nicht das Gefühl, dass ich etwas inszeniere oder dass das eine Täuschung ist. Das ist ja mit einem wahnsinnigen Schmerz verbunden, das kann doch kein bloßer Mechanismus sein!

Nelles:

Wenn du ganz tief weinst, dann ist das erleichternd, dann geht der Schmerz relativ schnell weg. Oft hält man ihn fest – zum Beispiel aus Selbstmitleid. Selbstmitleid ist aber etwas anderes als Trauer, das wird oft verwechselt. Im Selbstmitleid will man im Schmerz bleiben und zum Beispiel einen Verlust oder eine Schuld nicht anerkennen. Es ist ein Versuch, der Wirklichkeit auszuweichen, und dann bleibt man im Schmerz: „Ich Arme!" Da hat man wenigstens noch etwas. Dieser Schmerz ist ein großer Schatz, den sich viele gern bewahren!

Wenn du einem Verlust oder einer Schuld ins Auge schaust, ist das auch schmerzhaft, noch schmerzhafter sogar. Aber dieser Schmerz vergeht schnell, weil du dem, was ist, zustimmst. Sobald du zugestimmt hast, ist vielleicht noch Trauer da, aber der Schmerz ist weg. Er kommt nämlich aus dem Widerstand.

Es gibt einen relativ guten Test dafür, ob die Gefühle wirklich tief und echt sind: Wenn jemand in einem tiefen Gefühl ist und weint, dann berührt das die anderen, die dabei sind. Aber es berührt sie auf eine sanfte Weise, es ist weder aufdringlich noch Mitleid erheischend. Wenn es die anderen abstößt oder nicht berührt, oder wenn sie mitjammern, dann stimmt etwas nicht.

*

Wirkliche Trauer schüttelt einen, aber sie macht einen auch

stark. Wer in der tiefen Trauer ist, der spürt hinter der Trauer eine große Liebe. Das macht unglaublich stark. Wenn man sich auf diese Weise etwas Schlimmem – auch dem Tod – stellt, dann ist das einerseits unendlich traurig und andererseits ist in der Trauer eine unglaubliche Kraft.

Wenn du merkst, dass du zusammenklappst, dann ist es nicht Trauer, sondern Selbstmitleid – und Selbstmitleid schwächt. Aus der Trauer springt man so schnell nicht wieder heraus, das kann man auch daran sehen. Alle Gefühle, aus denen man jemanden sehr schnell herausholen kann, sind keine primären Gefühle, sind keine wirklichen, keine tiefen Gefühle. Das sind übernommene Gefühle oder Ersatzgefühle, die verhindern sollen, dass ein anderes Gefühl nach außen kommt.

Fühlen lernen

Bei diesen Aufstellungen hier begegnet man diesen Gefühlen jetzt in diesen Rollen. Das hat auf der einen Seite diese beängstigende Facette, dass man nämlich intuitiv seine Abwehrmechanismen aktiviert, auf der anderen Seite gibt es uns aber eigentlich auch die Möglichkeit, auf relativ ungefährliche Art und Weise mit Gefühlen in Kontakt zu kommen. Es sind ja nicht unsere eigenen, sondern fremde Gefühle. Deswegen ist das eine große Chance zu fühlen, was das Fühlen mit uns macht.

Wenn ihr Leute in den Aufstellungen anschaut, die in solchen Rollen stehen, wo ganz heftige Gefühle auftauchen, und die sich dem vollkommen überlassen, dann kann man sehen, dass es ihnen hinterher gut geht. Sie sind vielleicht ein bisschen erschöpft, aber es geht ihnen hinterher immer gut.

Denn das Fühlen hat eine sehr wohltuende Wirkung. Was

schmerzt, ist der Versuch, Gefühle, die in uns auftauchen, nicht zu fühlen, ihnen auszuweichen, sie zu unterdrücken. Was uns richtig wehtut, ist unsere Gegenwehr, nicht das Gefühl selbst! Und das ist es auch, was uns erschöpft – die Gefühle selbst, auch die schweren, machen uns lebendig. Nicht immer leicht, aber lebendig und kraftvoll.

Das kann man über diese Fremdrollen sukzessive lernen und sich da immer mehr hineinfallen lassen. Insoweit sind diese Familienaufstellungen ein sehr schönes Übungsfeld.

Beziehungsalltag

Dem Partner Verantwortung überlassen

Teilnehmerin:
Ich möchte lernen loszulassen und meinem Mann mehr zu überlassen, aber es klappt nicht, ich schaffe das nicht.

Nelles:
Ich kann dir sagen, warum: weil du nicht loslassen willst! Wenn jemand sagt: „Ich möchte mehr loslassen und ich würde mich gerne anlehnen und ich hätte gern, dass der andere mehr Verantwortung übernimmt, aber es funktioniert nicht", da bin ich immer sehr skeptisch. Dahinter steckt nämlich meistens die Vorstellung: Ich möchte, dass der andere die Verantwortung so übernimmt, wie ich meine, dass es richtig ist. Das heißt aber: Ich bin überhaupt nicht bereit, die Kontrolle abzugeben. Ich bin überhaupt nicht bereit, loszulassen. Ich möchte nur, dass der andere es so macht, wie ich es gerne hätte. Damit habe ich die Kontrolle und damit bin ich diejenige, die letztendlich alle Zügel in der Hand hält und nicht loslässt.

Sich anlehnen, wirklich loslassen und die Verantwortung beim anderen zu lassen, das heißt: auch diesen Anspruch zu lassen und dem anderen zu trauen, dass es so, wie er es macht, okay ist. Dann erst lehne ich mich an.

Zum Beispiel sagen Frauen bezogen auf die Kindererziehung sehr häufig zu ihren Männern: „Jetzt mach' doch mal was. Du musst endlich mal eingreifen." Sicher ist das manchmal richtig und notwendig. Oft meinen die Frauen aber, dass der Mann das machen muss, was sie meinen, was gemacht werden muss. Aber wenn der Mann erzieht, dann tut der vielleicht gar nichts in der Situation. Man muss aber sehen, dass das auch eine Art von Handeln ist. Dass das vielleicht seine Art von Erziehung ist, da gar nichts zu tun. Dass ihm etwas, was die Frau aufregt, egal ist, und dass das vielleicht gut für das Kind sein kann. Umgekehrt geht's auch, aber bei dem Thema Erziehung ist es meistens diese Konstellation. Und da wird es erst interessant, da lässt man erst los, wenn man dann sagt: „Ich verstehe das zwar nicht, aber wenn das deine Art ist, dann wird das wohl auch richtig sein."

In der Beziehung wird es erst dann interessant und schwierig, wenn man an den Punkt kommt oder der andere sich in einer Weise verhält, die man selber absolut nicht versteht. Und wo man dann meint: Jetzt übernimmt der mal wieder keine Verantwortung. Aber es ist vielleicht seine Art und Weise, wie er nun mal ist.

An diesen Punkt kommt jede Beziehung über kurz oder lang. Und da zeigt sich erst, ob der Satz „Ich mag dich, wie du bist", oder „Ich achte dich wie du bist" – ob das wirklich stimmt oder ob das irgend so ein esoterisches Gerede ist.

*

Teilnehmerin:
Ich weiß nicht, ob ich noch bei meinem Mann bleiben kann.

Ich möchte wissen, was wir falsch gemacht haben.

Nelles:

Es geht nicht darum, wer was verkehrt gemacht hat. Wenn du an so einem Punkt einer langen Beziehung bist, dann ist die Frage: „Bin ich bereit, gemeinsam nach vorn zu schauen, mit dem Mann, so wie er ist?" Nicht mit der Voraussetzung, dass der sich jetzt ändert. Das funktioniert nicht. Die Frage ist: „Bin ich bereit, mit ihm weiterzugehen?" Und darauf musst du dir eine klare Antwort geben. Die Antwort kann kein „Vielleicht" sein, kein „mal Schauen, bis der nächste Konflikt kommt", und dann stelle ich es wieder in Frage. Sie muss klar sein.

Die Antwort kann auch „nein" sein. Aber das „Vielleicht" und das „wenn die und die Voraussetzungen erfüllt werden, dann würde es ja gehen", das geht nicht. Wenn du „ja" sagst zu deinem Mann, musst du es unter den Bedingungen, wie er jetzt ist, tun. Mit all seinen Unzulänglichkeiten. Es ist die Frage: Bleibst du deiner Liebe treu oder deinen Vorstellungen?

Wünsche an den Partner

Dann noch ein paar ganz praktische Dinge: Wenn du an deinen Partner irgendwelche Erwartungen hast, dann musst du ihm diese Erwartungen mitteilen – und zwar musst du sie ihm *konkret* mitteilen.

Wenn du deinem Partner sagst: „Ich möchte, dass du rücksichtsvoller bist", kann er nichts damit anfangen. Du musst ihm sagen, was er konkret tun soll. Wenn du sagst: „Ich möchte, dass du liebevoller bist", kann er nichts damit anfangen. Du musst ihm sagen, was „liebevoller" für dich heißt. Er meint vielleicht, er wäre liebevoll genug. Wünsche müssen konkret ausgesprochen werden.

In einer Beziehung werden Wünsche häufig sehr allgemein ausgesprochen. Da steckt dahinter, dass man manchmal gar nicht will, dass diese Wünsche erfüllt werden. Denn wenn sie erfüllt werden, kann man sich nicht mehr beklagen. Wenn man sagt: „Ich möchte, dass mein Mann liebevoller ist", dann kann man diesen Wunsch ewig aufrechterhalten. Denn was ist „liebevoll", wann ist es genug? Es geht immer noch mehr!

Erst wenn man konkret sagt: „Ich hätte gern von dir, dass du mir freitags immer Blumen mitbringst", oder „Ich möchte, dass du mir einmal in der Woche ein schönes Essen kochst" – was immer das ist, dann kann er etwas damit anfangen. Er kann dann sagen: „Ja, das mache ich" oder „Das mache ich nicht". Und dann kommst du auch selber in Kontakt mit dem, was du wirklich willst. Das andere bleibt im Nebel, dann bleibt es in diffuser Form in der Luft hängen.

Eigene Bedürfnisse achten

Du musst dir in der Beziehung den Raum für deine Bedürfnisse nehmen, den Raum, den du wirklich brauchst. Du kannst nicht von ihm verlangen, dass er dir den Raum gibt. Wenn du das Gefühl hast, er ist zu stark, er nimmt zu viel Raum ein, musst du hingehen und dir den Raum nehmen. Das mag Konflikte geben, das ist normal.

Aber du musst dich trauen, dir den Raum zu nehmen. Anstatt dich zurückzuziehen und zu sagen: „Er ist mir zu stark." Dann bist du nämlich in der Opferrolle und dann geht gar nichts. Erst dadurch lernt er, dass da Grenzen sind, die er nicht so ohne Weiteres überschreiten kann, ohne dass es Widerstand gibt. Und du darfst dich hinterher nicht beklagen, dass er wieder einmal zu weit gegangen ist. Es ist deine Verantwortung, dass du deinen Raum nimmst und deine Grenzen achtest und schützt. Das funktioniert – manchmal unter harten Konflikten. Aber die sind wichtig – daran könnt ihr beide wachsen.

*

Man darf und muss einem Partner durchaus sagen, was man nicht will oder nicht mehr erträgt. Vor allem dann, wenn es ein Verhalten ist, mit dem der andere meine eigenen Grenzen überschreitet – sei es, dass er dies mutwillig tut oder auch unbewusst. Dann muss man sich klar hinstellen und das sagen. Wie soll er es sonst merken? Wie soll er dich sonst respektieren?

Aber man darf ihm nicht sagen, was er machen soll – es sei denn, er fragt danach. Man darf ihm Wünsche mitteilen, Bedürfnisse, aber man darf ihm nicht vorschreiben, was er tun soll, oder ihn erziehen.

*

Wenn ihr in eurer Partnerschaft an einem Punkt seid, wo ihr das Gefühl habt: „Ich darf nicht" oder „Ich kann nicht" oder so etwas, dann schaut einmal, wie es ist, den Partner anzuschauen und zu sagen: „Ich will nicht!"

Das ist so etwas wie ein magischer Satz, diese drei Worte: Ich will nicht.

Man muss dabei allerdings dem Gegenüber richtig in die Augen schauen. Und man muss es ruhig und gesammelt sagen, nicht innerlich mit dem Fuß stampfen wie ein trotziges Kind. Es muss aus einer ruhigen, klaren, erwachsenen Haltung kommen. Dann wird es auch gehört und wahrgenommen – das ist der Test, ob man aus der Erwachsenenrolle oder aus der Kindrolle spricht: Erwachsene werden gehört. Wenn man dann sagt: „Ich will nicht", dann übernimmt man die ganze Verantwortung.

Das ist dir irgendwie bewusst, sozusagen unbewusst bewusst. Deshalb sagst du lieber „Ich kann nicht", dann bleibst du nämlich unschuldig. Armer Kerl!

Verstrickungen des Partners

Natürlich bekommt der Partner hier bei diesen Aufstellungen die Verstrickungen des Partners oder der Partnerin mit. Das hat etwas sehr Gutes, aber auch etwas Gefährliches. Das Gute daran ist, dass, wenn man den Partner – genauso wie die Eltern – in seinem ganzen Kontext sieht, man vielleicht Dinge, die man bisher nicht verstanden hat, besser verstehen kann, und man kann spüren, dass er vielleicht das eine oder andere nicht aus Mutwillen oder Boshaftigkeit macht, sondern dass es aus einer Verstrickung heraus passiert oder passiert ist. Dann kann man ihm, weil man ihn jetzt im Ganzen sieht, vielleicht trotz diesem oder jenem wieder mit offenem Herzen begegnen.

Das Gefährliche daran ist, dass hinterher der eine Partner sagt: „Also das hat man doch in deiner Aufstellung gesehen. Jetzt bist du immer noch mit deiner Mutter nicht zu Rande, jetzt hängst du immer noch da drin. Ich bin es jetzt langsam satt. Komm mal da raus, du hast doch gesehen..., der Therapeut hat doch das und das gesagt..."

Damit verhindert der Partner die Lösung.

Das verlangt eine Disziplin. Es verlangt die hohe Disziplin, bei sich selbst zu bleiben. Wenn man auf die Verstrickungen des Partners schaut, dann hat man mit Liebe darauf zu schauen und das zu achten. Weiter darf es nicht gehen, dann muss man sich zurücknehmen. Der Partner darf nicht die Verlängerung meiner Rolle hier als Therapeut sein. Diese Disziplin muss man aufbringen, das ist ganz wichtig.

*

Diese ganze Geschichte mit seiner Herkunftsfamilie ist seine Sache, du darfst dich da in keiner Weise einmischen. Die einzige Weise, in der sich jemand auf die Herkunftsfamilie des Partners beziehen darf, ist, dass er sie achtet. Dass dieser Mann aus dieser Familie gekommen ist, und dass das in Ordnung ist. Wenn man sich in einen Mann oder eine Frau verliebt hat, dann verliebt man sich immer in die ganze Familie!

*

Wenn du das Gefühl hast: „In unserer Beziehung ist etwas nicht in Ordnung, da muss sich etwas ändern", und dein Partner sagt: „Ich habe kein Problem, für mich ist es so in Ordnung", dann musst du etwas ändern beziehungsweise für dich eine Konsequenz ziehen. Aber die Konsequenz wird nie sein können, dass du zum Mann sagst: „Du musst jetzt…!" Das tut er nicht!
Er muss das selber wissen, was für ihn wann wichtig und notwendig ist. Und du musst selber wissen, was für dich – aber nur für dich – wann wichtig und notwendig ist.
Ein Grundproblem fast jeder Partnerschaft ist, dass man nach einer gewissen Zeit, wenn die ersten hohen Wogen sich ein bisschen gelegt haben, anfängt, sich gegenseitig zu erziehen und versucht, den anderen dem eigenen Bild anzupassen (wenn man noch ein Interesse aneinander hat; viele ziehen sich auch innerlich aus der Partnerschaft zurück und geben sie auf). Angeblich kämpft man um die Beziehung, aber in Wirklichkeit kämpft man darum, dass der Partner sich ändert, damit man sich selbst nicht zu ändern braucht beziehungsweise damit man sein Bild, seine Vorstellung, wie der andere sein soll und wie die Beziehung sein soll, nicht aufgeben muss. Aber dieses gegenseitige Erziehen und dem anderen sagen, was er tun soll, das führt nur dazu, dass der andere dicht macht. Keiner lässt sich vom Partner gern erziehen!

Die Frau folgt dem Mann – und der Mann muss dem Weiblichen dienen

Bert Hellinger hat einmal einen ganz provozierenden Satz gesagt (er sagt viele provozierende Sätze, aber der hier hat besonders hohe Wellen geschlagen): „Die Frau folgt dem Mann." Nach einer Weile hat er dann hinzugefügt: „Und der Mann muss dem Weiblichen dienen", aber das haben die, denen der erste Satz gegen den Strich geht, dann geflissentlich überhört. Das klingt natürlich sehr altväterlich, um es mal freundlich zu formulieren. Aber dahinter steckt eine Beobachtung, die man in nahezu allen Aufstellungen machen kann – egal, wer die Aufstellung leitet, egal, aus welcher Schicht, welchem Milieu, welchem Land die Teilnehmer oder die Stellvertreter kommen. Die Beobachtung ist, dass sich der Mann an der ersten Position normalerweise immer am wohlsten fühlt, und die Frau an der zweiten. Auch die Frau fühlt sich an der zweiten Stelle am wohlsten! Die Person, die bei einer Aufstellung im Uhrzeigersinn an der ersten Stelle in einem System stellt, das ist die Person, die dieses System materiell trägt, es nach außen hin verteidigt und den materiellen Rahmen stellt. Zum materiellen Rahmen des Systems gehört klassischerweise die Verteidigung nach außen vor Gefahren und die Bereitstellung der Mittel, die das System braucht, um zu überleben.

Das ist die Position, die der Mann im Normalfall besser ausfüllt als die Frau. Das ist auch die Position, an der er sich stärker fühlt, mehr in seiner Kraft. Und es ist die Position, an dem die Frau ihn besser sieht und an der sie ihn eher achtet. Mit dieser Position geht auch die Verantwortung für diese Dinge einher. Wer für die Sicherheit des Systems steht, muss sehr verlässlich sein. Je verlässlicher diese Position besetzt ist – und das gilt sowohl für die Familie als auch beispielsweise für eine Firma – je verlässlicher diese Position besetzt ist, umso mehr Sicherheit haben diejenigen, die dann im inneren Kreis dieser Familie sind und wirken, ihren jeweiligen Aufgaben nachzugehen. Umso weniger brauchen sie sich um diesen Punkt zu kümmern. Für den Mann, der an erster Stelle steht, bedeutet das natürlich, dass er sich nicht hinter der Frau verstecken kann.

Mein Bild der Familie ist: Die Frau ist das Herz der Familie und füllt sie innerlich mit Leben. Der Mann stellt die Sicherheit dar.

Das ist nicht meine oder Hellingers Idee, es ist kein Ideal. Es ist einfach so, so ist es für alle am besten. Ich bin zu diesem Bild durch das Familienstellen gekommen. Es gab einmal eine Zeit, da meinte ich, ich müsste meine weibliche Seite mehr entwickeln. Das war ein Schuss in den Ofen, darüber wäre meine Ehe fast zerbrochen. Ich habe aber den Zusammenhang nicht begriffen. Heute ist mir klar, dass es gegen die Ordnung war, die wir in unserem Innern fühlen. Das ist wie ein Kompass. Es hat mich geschwächt und meine Frau mit etwas belastet, was ihr nicht gemäß war.

Frauen fühlen sich auf der inneren Position wohl und in ihrer Kraft, ihrer weiblichen Kraft. Bei den Aufstellungen spielt es absolut keine Rolle, mit welchem Frauentyp man arbeitet, was die für eine Einstellung zu diesen Dingen haben. Wenn sie als Stellvertreter in einer Aufstellung stehen, fühlen sie alle gleich. Im praktischen Leben bedeutet das zum Beispiel, dass in einer kulturell gemischten Partnerschaft es besser ist, wenn die Frau dem Mann in dessen Kultur oder dessen Land folgt. Und dass sie zustimmt, dass die Kinder die Nationalität, die Religion, die Kultur des Vaters übernehmen. Wenn zum Beispiel eine Frau mit einem Moslem einen Sohn hat, muss sie zustimmen, dass der Sohn Moslem wird. Alles andere entwurzelt den Sohn und zerstört die Partnerschaft. Oder wenn ein Mann in die Firma der Familie oder den Bauernhof der Familie der Frau einheiratet und dies übernimmt, geht das meist nicht gut. Er ist dann nicht in seiner Kraft.

Das hat also ganz praktische Folgen. Ich bin nicht dafür, das mechanisch anzuwenden, aber man muss sich dem stellen. Es heißt auch nicht, dass der Platz der Frau in der Küche ist. Aber wenn man diesen Satz von Bert Hellinger in der Tiefe versteht und anwendet, dann kommt man zu ganz anderen Lösungen und zu einem ganz anderen Miteinander, das auf den jeweiligen Stärken basiert und auf einer gegenseitigen Achtung, die nicht alles gleich macht, was nicht gleich ist.

Nun kann man zwar sagen: Das ist im Wandel, das ändert sich und das entspricht nicht mehr den modernen Vorstellungen, aber ob das jetzt sozusagen eine unverrückbare Ordnung der Dinge ist oder ob das eine Ordnung ist, die sich im Laufe von hunderttausend Jahren entwickelt hat, ist für mich sekundär. Grundsätzlich ist es so, dass, selbst wenn wir jetzt anfangen, wenn sich bei uns diverse Dinge im Wandel befinden, eine hunderttausendjährige Evolutionsentwicklung so mächtig ist, dass sie mindestens noch ein paar hundert Jahre in uns weiterwirken wird. Das kann man immer sehen: Wenn man eine Ordnung so aufstellt, fühlen sich alle Beteiligten am wohlsten und am besten und in dem, was sie als jeweiligen Beitrag leisten können, am deutlichsten gesehen und geachtet.

Persönliche Schuld

Abtreibung

Abtreibungen sind eine schwere Belastung für Beziehungen und werden – besonders von den Frauen – in der Seele immer als schwere Schuld empfunden. Egal, was die Gründe sind, egal, was die Einstellung an der Oberfläche ist.

Mit einer Abtreibung geht häufig die Phantasie einher, etwas Geschehenes ungeschehen machen zu können. Das geht nicht. Man kann zwar das Kind „wegmachen", aber nicht die Folgen.

Die Folgen sind für eine Beziehung häufig, dass sie zu Ende ist – manchmal kann sie neu entstehen, aber das ist dann eine andere Beziehung –, und dass der Mann und die Frau aneinander gebunden bleiben. Durch das Kind und auch durch die Schuld.

In manchen Kreisen gibt es die Vorstellung, dass man nur die Seele des Kindes zurückgeschickt hätte, weil sie sich den falschen Ort und Zeitpunkt für eine Inkarnation ausgesucht habe. Das ist ein feiges Wegschauen vor dem, was wirklich geschehen ist. Manche beten auch für die Seele des Kindes oder vertrauen sie himmlischen Mächten an. Mir erscheint das zynisch und wenn ich in solchen Fällen bei einer Aufstellung die Stellvertreter der Kinder nach ihrem Befinden befragt habe, fühlten sie sich elend.

*

Die Lösung ist, dass man auf das Opfer schaut. Wenn man wirklich auf das Kind schaut, dann tut es einem Leid. Die Lösung ist, das Kind dann mit Liebe in sein Herz zu nehmen.

Was meistens dazwischen steht, bei Frauen vor allen Dingen, ist das Selbstmitleid. Bei Männern ist es eher Gleichgültigkeit, als ob es sie nichts anginge. Aber sie sind natürlich auch beteiligt, die Schuld ist häufig die gleiche, und die Lösung auch. Aber die letzte Entscheidung und damit auch die größere Last und das größere Gewicht liegt bei der Frau.

Frauen, die abgetrieben haben, betrachten sich oft als Opfer der Umstände, als wenn sie zu den Umständen nichts beigetragen hätten. Und entziehen sich so der Verantwortung und sagen innerlich: „Ich arme Frau, ich musste abtreiben. Ich war in einer so schrecklichen Situation, dass ich abtreiben musste."

Die Situation war tatsächlich oft schwierig und schien – allerdings nur in den wenigsten Fällen, die mir vorgekommen sind – manchmal vielleicht aussichtslos, aber in dieser Sichtweise werden die Verhältnisse verdreht. Da ist dann die Täterin das Opfer und das Kind – das wirkliche Opfer – wird nicht gesehen.

Die Lösung ist, dass man zunächst einmal die Dinge ganz einfach so sieht, wie sie wirklich sind. Und wenn man das tut, mit offenem Herzen, dann wird man im Herzen berührt von einem Schmerz. Und auch von einem Gefühl der Schuld. Dieser Schuld kann man nicht mehr entgehen. Die bleibt bei dir, dein Leben lang. Dem muss man zustimmen mit dem Schmerz im Herzen, der dabei ist, und mit dem Schmerz um das Kind. Aber nicht mit einem Schmerz um das Kind, wie wenn man das Kind verloren hätte ohne eigenes Dazutun, sondern mit dem Schmerz, dass man dem Kind das Leben wieder weggenommen hat. Dann schaut man da hin.

Das gelingt, wenn du wirklich auf das Kind schaust. Und dieser Vorgang kann ohne Weiteres in deinem Innern weitergehen. Du lässt ihn einfach in deiner Seele weitergehen; du weichst nicht vor der Schuld aus und weichst nicht vor der Tatsache aus, dass du es getan hast. Was immer die Umstände waren: alleingelassen oder nicht, spielt keine Rolle. Schau auf das Kind und nimm das Kind in dein Herz ohne eine Übung. Wenn du in dieser Haltung bleibst, wird es irgendwann plötzlich dein Herz berühren. Und ohne Selbstmitleid. Das ist wichtig.

Wenn man auf diese Weise im Herzen einen Zugang zu dem Kind gefunden hat, dann kann man sozusagen das Kind eine Weile mit sich führen, innerlich. Und dann lässt man es gehen, dann muss man es ganz ziehen lassen. Und man muss darauf verzichten. Und darf es nicht – sozusagen wie ein eigenes Kind, das gestorben wäre – bei sich behalten. Dann muss man es ganz gehen lassen. Das heißt es, dem ganzen Vorgang zuzustimmen. Aber es ist gut, es erst einmal eine Weile wirklich in dein Herz zu nehmen und in deinem Herzen zu tragen. Vielleicht so lange, wie es gebraucht hätte, wenn das Kind geboren worden wäre. Und es dann gehen zu lassen. Das wäre so das Bild.

*

All dieses Weggucken hat auch damit zu tun, dass wir ein Bestreben haben, unschuldig zu bleiben. Das widerspricht aber dem Leben. Wir können nicht ohne Schuld durch's Leben gehen, und diese Erkenntnis ist für uns ganz schrecklich. Aber wenn wir das sehen, dann stimmt uns das innerlich weich und milde. Wenn ich sehe, wenn ich meine eigene Schuld anzuschauen bereit bin, kann ich auf andere, die in gleicher oder anderer Weise schuldig geworden sind, schauen, ohne dass ich mich besser fühle, als der Andere.

*

Es ist ganz offensichtlich so, dass Abtreibung in der Seele der Frau als Schuld empfunden wird. Alles, was wir darüber denken, reicht in diese Tiefe, auf diese Ebene nicht hin! Man konnte das in dieser Aufstellung sehen, die Stellvertreterin stand von vornherein mit gesenktem Kopf da, und das ist immer ein Zeichen, dass jemand sich schuldig fühlt. Es kam hier noch dazu, dass auch der Mann beteiligt ist, dass es auch das Kind des Mannes ist, und dass sie sich schuldig fühlt, weil sie es ihm verheimlicht hat. Das ist in der Seele eigentlich auch klar, dass man dem Vater zumindest eine Chance geben muss, indem man ihm das sagt. Was auch immer dann ist.

Das hat nichts damit zu tun, was wir im Allgemeinen darüber denken. Es hat auch nichts damit zu tun, dass andere jetzt hingehen können und in irgendeiner Weise einen Schuldspruch sprechen könnten. Sondern es hat etwas damit zu tun, was wir in unserem Innersten als richtig und als falsch empfinden. Wenn das nicht gelöst ist, dann ist der Zugang zu weiteren Kindern oder zu weiteren Partnern häufig nicht möglich!

Die Lösung liegt aber nicht darin, dass man – wie du sagst – immer wieder an das Kind denkt oder um Vergebung bittet. Das ist gerade ein Zeichen dafür, dass es nicht gelöst ist! Auf diese Weise will man nur wieder unschuldig werden. Die Lösung ist, dass man seine Schuld nimmt, mit dem Schmerz, der damit verbunden ist. Dass man dann dem Kind und auch dem eigenen Verhalten innerlich zustimmt. Und dann kann es irgendwann ganz vorbei sein.

*

Bei der Abtreibung ist es häufig so, dass die Frauen sich als Opfer empfinden, weil sie meinen, dass die Situation so war, dass sie das Kind abtreiben mussten. Was man ja lieber nicht getan hätte. In dieser Sicht fühlt man sich selber als das Opfer der Umstände, in die man hineingeraten ist. Und es wird nicht gesehen, dass man selber die handelnde Person ist, und es wird nicht wirklich auf das Kind geschaut, denn tatsächlich ist derjenige, der das Opfer bringt, das Kind! Das Kind wird geopfert, damit ich so weiterleben kann wie vorher. Das ist der ganz schlichte Vorgang. Und der Irrtum dabei ist: Ich kann nicht so weiterleben wie vorher!

Teilnehmerin:
Kann man das auch auf Fehlgeburten deuten?

Nelles:
Nein, das kann man nicht! Bei Fehlgeburten ist es häufig umgekehrt. Es ist teilweise so, dass die Frau sich schuldig fühlt oder als Versagerin. Vor allem, wenn sie mehrere Fehlgeburten hatte. Aber eine Fehlgeburt ist etwas, was dir tatsächlich widerfährt, was du nicht steuern kannst, was nicht in deiner Hand liegt. Es ist genau umgekehrt wie bei einer Abtreibung: Eine Abtreibung ist eine Tat, die gerne in ein Ereignis, das

einem passiert ist, umgedeutet wird. Eine Fehlgeburt ist jedoch tatsächlich ein Ereignis, keine Tat! Dabei ist es dann häufig so, dass man sich nicht damit abfinden will, dass das einen trifft, und man sucht dafür jemanden, der schuld ist – unter Umständen sich selber. Es kann von Fall zu Fall vielleicht anders sein, aber das ist der übliche Vorgang.

Teilnehmer:

Ist es für den Mann hilfreich zu erfahren, ob die Frau vor der Beziehung eine Abtreibung hatte?

Nelles:

Nein, es geht dich nichts an! Es gehört zu ihrer Intimsphäre, nicht zu eurer gemeinsamen Intimsphäre als Paar.

Wenn du dir eine Frau nimmst, dann nimmst du sie auch mit ihrer Schuld. Auch mit der unerlösten Schuld. Denn sonst macht sich der eine zum Richter des anderen und das funktioniert nicht. Das geht überhaupt nicht! Die Größe und die Kraft in einer Beziehung, in einer Partnerschaft, besteht darin, dass ich jemanden mit der Schuld nehme oder mit der Verstrickung, was immer das ist.

In meinen Augen wäre es eine schlimme Anwendung des Familienstellens, wenn man sagt: „Da ist eine Frau, die finde ich interessant, die liebe ich, und vielleicht würde ich mit der zusammenleben. Aber vorher müssen wir jetzt Familienstellen machen, damit jeder seine Sachen bereinigt hat. Dann erst können wir in eine Partnerschaft gehen."

Das wäre für mich ein Missbrauch des Familienstellens. Und eine Missachtung des Lebens in seinen ganz vielfältigen Aspekten. Wir müssen nämlich sehen, dass all die Dinge – wie Abtreibung, oder was auch immer das ist –, dass die mit zum Leben gehören. Und wenn wir uns nur die guten, sauberen, unschuldigen Menschen herauspicken könnten, da wüsste ich nicht, wen wir noch finden sollten!

Schuldgefühle und Schuld

Teilnehmerin:

Wie ist es, wenn man eine Beziehung beendet und es für einen selbst auch richtig ist, und man sich über alle Maßen schuldig fühlt, obwohl es eigentlich richtig ist?

Nelles:

Schuldgefühle gehen weg, wenn man die Schuld anerkennt und nimmt und akzeptiert – dass man zum Beispiel jemanden sehr verletzt hat und dass man das nicht mehr rückgängig machen kann. Schuldgefühle sind der Versuch, unschuldig zu bleiben. Innerlich wissen wir um die Schuld, aber wir versuchen, unschuldig zu bleiben. Solange wir versuchen, unschuldig zu bleiben oder die Schuld wieder abzulegen, haben wir Schuldgefühle. Wenn es tatsächlich eine Schuld gibt, wenn man jemanden wirklich übel verletzt hat oder jemanden getötet hat oder was auch immer es ist, sind die Schuldgefühle weg, wenn man der Schuld zustimmt. Dann muss man aber das Bild der Unschuld aufgeben und dann ist man für alle Zeiten ein Mensch, der anderen wehgetan hat oder jemanden umgebracht hat oder was auch immer es gewesen ist, der Schuld auf sich geladen hat. Wenn man das hinbekommt, dann kann es einem sogar Kraft geben. Es gibt eine Kraft, die aus der angenommenen Schuld resultiert, das ist eine starke Kraft. Man wird völlig schwach, wenn man im Schuldgefühl bleibt und darüber jammert, dass man doch etwas Böses getan hat.

Das ist der Weg. Wobei zu berücksichtigen ist, dass es häufig so ist, wenn eine Beziehung auseinander geht, dass beide sich etwas angetan haben. Dann wäre es eine angemessene Haltung, wenn man sagt: „Ich übernehme die Verantwortung für das, was ich dir getan habe, und du übernimmst sie für das, was bei dir nicht in Ordnung war." Wenn es aber wirklich so etwas wie Schuld gibt, dann ist das der Weg.

Bindung und Freiheit

Leben entsteht aus Bindung und wer lebt, geht in neue Bindungen. Bei der Liebe ist es nicht so sehr das Gefühl, das bindet, sondern die Sexualität und ihre Folgen.

Bindung entsteht überall da, wo zum Beispiel eine geschlechtliche Beziehung existiert, aus der ein Kind hervorgeht, egal, ob dieses Kind ausgetragen oder abgetrieben wird oder vor der Geburt stirbt. Über dieses Kind ist etwas Drittes entstanden und in diesem Dritten ist die Bindung manifest geworden, in dem Kind ist sie Fleisch geworden. Das bindet nicht nur an das Kind, sondern auch an den Mann oder die Frau, mit der oder dem es gezeugt wurde. Die Umstände dieser Zeugung spielen im Hinblick auf die Bindung keine Rolle.

Deswegen sind alle Beziehungen, in denen es eine Empfängnis gab, als Bindungen anzusehen, und die Personen, die da – und sei es nur für Minuten – miteinander verbunden waren, gehören zum Gegenwartssystem. Das geht also über die aktuelle Beziehung in vielen Fällen weit hinaus.

*

Bindungen sind etwas Natürliches. Das menschliche, natürliche Leben ist Form, ist Materie und in der Materie sind wir gebunden. Im Wort Materie steckt übrigens auch die Mutter – sie heißt auf lateinisch „mater". Das nur am Rande. Als natürliche Kreaturen sind wir immer auch gebunden. Freiheit, verstanden als Freiheit von Bindungen, ist etwas Unnatürliches.

In Aufstellungen kann man sehen, dass Leute, die sagen, sie wollen frei sein, in den Tod gehen wollen. Auch wenn jemand sich in Beziehungen beengt und unfrei fühlt, steckt das oft dahinter. Reinhard May hat dieses Lied von der grenzenlosen Freiheit über den Wolken gesungen – das ist nichts als Todessehnsucht. Das ist die Freiheit *vom* Leben, nicht die Freiheit *des* Lebens. Die

Freiheit *des* Lebens ist immer eine begrenzte und sie stimmt den Grenzen und der Bindung zu. Das andere ist die Freiheit *vom* Leben – eben der Tod.

Diese Freiheit suchen auch viele – mir scheint die meisten – so genannten spirituellen Sucher. Wenn man das aufstellt, sieht man, dass sie einem Familienmitglied in den Tod folgen wollen oder eine ähnliche Dynamik zugrunde liegt. Was sich als spirituelle Suche gibt, ist die Sehnsucht nach der Lösung vom Gewöhnlichen, vom Leben mit seinen Grenzen.

*

Freiheit ist das genaue Gegenteil von Unabhängigkeit. Das Streben nach Unabhängigkeit führt in immer tiefere Verstrickungen hinein, die sich einem häufig erst hinterher offenbaren. Wie zum Beispiel, dass man versucht, in Beziehungen völlig offen zu sein, sich auf nichts einzulassen und keine Bindungen einzugehen, und hinterher sind dann zwei oder manchmal auch – wenn man auch auf die abgetriebenen schaut – fünf Kinder da. Dann wird einem auf einmal klar, dass das mit der Unabhängigkeit nichts war, dass man tatsächlich gebunden ist, verstrickt ist. Das ist also wichtig zu sehen: Freiheit ist nicht Unabhängigkeit. Unabhängigkeit ist ein illusionäres Bestreben, das uns immer mehr in Bindungen hinein verstrickt, weil es die tatsächlichen Bindungen ignoriert. Während das Anschauen und das Anerkennen von Bindungen gleichzeitig das Anerkennen ist, dass wir als Menschen begrenzt sind. Da kann dann Freiheit entstehen – innerhalb unserer Grenzen!

*

Wer wirklich frei sein will, muss sich dem Leben stellen, so wie es ist. Das heißt, er muss sich auch der Notwendigkeit und der Bindung und seinen Grenzen stellen, ohne etwas ändern zu wollen. Das hält man nur aus, wenn man sich in seiner ganzen Kraft sammelt. Das ist ganz wichtig. Wenn man das aber tut, wenn man sich in seiner ganzen Kraft sammelt und sich dem Leben stellt, dann fließt einem von dem, was man da sieht und was einem zunächst schrecklich vorkommt, eine ungeheure Kraft zu. Denn es ist einfach ein Fakt, dass wir nichts anderes sind als ein Teil dieses Prozesses, den wir Leben nennen. Es gibt eigentlich nichts Törichteres, als sich davon abzuwenden oder zu meinen, wir – als eine ganz kleine von ganz vielen Facetten dieses Lebens – könnten uns hinstellen und könnten dem Leben sagen, wie es zu sein hat, könnten sagen: Das nehme ich, das gefällt mir, und das nehme ich nicht.

Das ist etwa so, als wenn der Fingernagel meines kleinen Fingers anfangen wollte, sich über den Organismus aufzuregen, von dem er ein Teil ist. Das kann er zwar machen, aber ändern wird es an der ganzen Geschichte gar nichts – nur dem Fingernagel geht es nicht so gut. Wenn er sich über die Art und Weise, wie er mit allem Möglichen versorgt wird, beklagt und versucht, sich davon irgendwo abzugrenzen, abzuschneiden oder dagegenzuwirken, wird er krank und stirbt am Ende ab. Aber wir Menschen meinen, wir könnten das – und sind vielleicht noch stolz auf unsere so genannte Eigenständigkeit, nennen sie „Freiheit" und verteidigen unser Leiden daran mit guten Gründen!

Im Grunde kommen wir hier mit uns selbst und unserer Wirklichkeit in Verbindung. Natürlich mit tiefen Bereichen, die sehr weit sind und fast ungeheuer. Da liegt dann aber auch eine ungeheure Kraft drin. Wenn wir uns der stellen, dann können wir nicht mehr ganz so oberflächlich leben.

3

Vaters Sohn und Mutters Tochter

Vorschläge zum Miteinander der Geschlechter

Verneigung

Als Erstes möchte ich Ihnen etwas für heute Abend, wenn Sie nach Hause gehen, mit auf den Weg geben. Ich möchte Ihnen vorschlagen, dass Sie sich innerlich vor Ihrem Partner verneigen. Warum? Wir sind es gewohnt, immer zu fordern, wir wollen *haben*. Wir wollen, dass der andere so ist und nicht anders, und „so", das heißt so, wie wir ihn uns vorstellen. Ich schlage Ihnen vor, einmal das Gegenteil zu tun: sich innerlich vor Ihren Partner zu stellen und sich zu verneigen, und, wenn Sie eine Frau sind, zu sagen: „Ich verneige mich vor dem Mann in dir", und weiter zu sagen „Und in dir verneige ich mich vor allen Männern". Und wenn Sie ein Mann sind, dann sagen Sie still aus Ihrem Herzen heraus: „Ich verneige mich vor der Frau in dir, und in dir verneige ich mich vor allen Frauen".

Ein Vorschlag für eine Übung ohne jede Erwartung. Der Hintergrund, warum ich das sage, ist, dass ein Grundübel der Beziehungsprobleme und Geschlechterkämpfe, mit denen wir häufig zu tun haben, in der fehlenden Achtung liegt. In der fehlenden Achtung vor der Person und auch in der fehlenden Achtung vor dem Geschlecht, das diese Person auch repräsentiert. Mit einer solchen Verneigung könnte man diese Achtung ausdrücken.

Das Andere

Der Mann und im weiteren Sinne das Männliche ist für die Frau das Andere, das, was sie nicht ist und aus sich heraus nicht kennt. Und die Frau und das Weibliche ist für den Mann das Andere. Und es ist wichtig, dass beide in einer Partnerschaft (und darüber hinaus in der Gesellschaft natürlich auch) so sein dürfen, wie sie sind. Das erwarten beide vom anderen.

Jede Frau erwartet, dass der Mann sie als Frau betrachtet und als

Frau respektiert und achtet. Aber macht sie das auch mit dem Mann? Tun Sie das mit Ihrem Mann? Und mit den Männern ganz allgemein, mit dem Männlichen? Das können Sie sich selber fragen. Jeder Mann erwartet das auch von der Frau. Aber achten wir Männer die Frauen und das Weibliche oder fühlen sich Männer und Frauen jeweils als die bessere Hälfte?

Also das Erste ist, dass ich das, was ich von meinem Partner gerne hätte, erst einmal gebe, und dass ich in einer Partnerschaft dem anderen zugestehe, dass er so sein darf wie er ist. Die Frau muss also den Mann achten, obwohl er keine Frau ist. Das klingt paradox, aber das ist es gar nicht, denn sobald sie verheiratet sind, wollen viele Frauen, dass der Mann sich verhält wie eine Frau, vor allen Dingen zu Hause, in der Küche usw. Dabei geht es nicht darum, dass er mit anpackt und sich einbringt, sondern darum, dass er dies nach Frauenart tun soll. Sobald er es nach Männerart tut, hagelt es Kritik. Denn die Frau versteht die Männerart nicht, sie versteht es nicht, wenn der Mann nicht eingreift, wenn der Sohn sich prügelt. Für sie sieht vieles, was Männer bei der Kindererziehung tun – oder besser: nicht tun – nach Gleichgültigkeit aus. Aber oft ist dies die Art, wie Männer, wenn sie sich denn noch trauen, Männer zu sein, dies machen. Frauen können das nicht verstehen, aber sie können es achten, wenn sie die Männer und das Männliche achten. Und der Mann muss die Frau achten, obwohl sie anders ist als die Männer.

In den meisten Beziehungen fängt nach Abklingen der Verliebtheitsphase die Phase der gegenseitigen Erziehung an. Und das ist tödlich. Denn nicht nur wird damit ausgedrückt: „So, wie du bist, bist du mir nicht gut genug", was für den anderen natürlich demütigend ist, und wofür er sich rächen muss. Sondern es schleicht sich auch eine so genannte Parentifizierung ein. Also die beiden werden wie Eltern zueinander und sie behandeln den Partner abwechselnd wie eine Mutter oder wie ein Vater das

Kind. Und was macht dann das Kind, vor allem wenn es schon ein erwachsenes Kind ist? Lässt es sich bereitwillig erziehen? Nein, es wird bockig und störrisch, denn das ist es einfach seiner Erwachsenenwürde schuldig. Aber der Partner soll sich von mir sehr wohl erziehen lassen, er oder sie hat nämlich gewisse Defizite (ich natürlich auch, aber damit komme ich schon alleine klar, da soll mir gefälligst keiner reinreden).

Verschieden, aber gleichwertig

Und noch etwas anderes kommt hinzu. Zwischen Kindern und Erwachsenen funktioniert die Liebe nicht mehr so. Vor allem zwischen Müttern und störrischen Söhnen oder zwischen Vätern und ihren störrischen Töchtern, d.h. die sexuelle Anziehung geht verloren, der Sex stirbt. Es ist also unerlässlich, dass beide Partner sich, obwohl sie verschieden sind, als gleich-wertig achten. Gerade die Verschiedenheit ist es ja, die die Anziehung ausmacht.

Die Achtung des anderen kann vor allem dann gelingen, wenn man das Eigene achtet und es auch vollständig annimmt, also in unserem Zusammenhang zunächst einmal das eigene Geschlecht. Wer das eigene Geschlecht angenommen hat, der ist damit im Reinen. Und dann braucht er das andere weder zu fürchten noch zu verdammen. Wenn ich jedoch mit mir selbst sehr unsicher bin und wenn ich mich selber nicht so recht ertragen kann, dann muss ich den anderen noch etwas kleiner machen, damit ich vor ihm bestehen kann. Also wenn ich mich selbst so nehme, wie ich bin, dann brauche ich den anderen nicht zu fürchten, sondern kann das andere als eine Bereicherung und Ergänzung nehmen oder es als das Eigene des anderen – das, was zu ihm gehört und ihn unverwechselbar macht – bei diesem lassen.

Das geht im Übrigen weit über unser Thema Beziehungen hinaus, wenn wir an die ganze Ausländerthematik denken, also an die ganzen Diskussionen über Fremde usw., da ist der gleiche Grundzusammenhang gegeben. Diejenigen, die hingehen und auf solche Leute Jagd machen, das sind selbst zutiefst verunsicherte Menschen. Aus dieser Verunsicherung heraus können sie es nicht ertragen, dass der andere anders ist.

Das sehen viele, aber das gleiche gilt in Beziehungen. Viele, die sich zu den Progressiven zählen, wissen um diese Zusammenhänge, aber in Bezug auf das Geschlechterthema verhalten sie sich genauso wie andere in Bezug auf Ausländer. Hinter vielen Konflikten steht ein Nichtachten des Partners. Zum Beispiel, um ein bisschen aus der Praxis des Familienstellens zu erzählen, werfen Frauen häufig ihrem Mann vor, dass er sich um nichts kümmert in der Familie. Ich habe schon gesagt, dass dies oft eine falsche Wahrnehmung ist, dass nämlich die andere Art des männlichen Kümmerns von Frauen oft fälschlich als Nicht-Kümmern angesehen wird. Aber oft entspricht es auch der Realität. Das Nicht-Kümmern kann sich auf Kinder, Familie und Haushalt beziehen, darauf, dass der Mann nur seine Arbeit im Kopf hat, dass er vielleicht Frauenaffären hat, trinkt oder generell keine Verantwortung in der Familie oder der Partnerschaft übernimmt. Ausweichen ist ein typisch männliches Verhalten. Gerade bei Trennungen rechtfertigen Frauen ihren Anspruch auf die Kinder oft damit, dass der Mann sich sowieso um nichts kümmert. Meine Frage in solchen Fällen ist: „Achtest Du Deinen Mann?" Die Antwort ist dann meistens betroffenes Schweigen oder ein ehrliches Nein.

Es gibt eine Untersuchung an der Universität Bremen mit über 1000 Frauen und Männern, die befragt worden sind über viele Jahre, wo der untersuchende Familiensoziologe ein für ihn ganz überraschendes Phänomen festgestellt hat, nämlich die Rolle der allein erziehenden Mutter in vollständigen Familien. Also tatsächlich war die Familie ganz normal und vollständig, nur hat die Mutter fast die ganze Erziehung übernommen. Aber nicht, weil der Mann sich nicht gekümmert hat oder zumindest kümmern wollte, sondern, das war für die Soziologen das Überraschende, weil die Frau ihn nicht gelassen hat.

Männer sind unsicher

In der Familie hat die Frau nach wie vor die tragende Rolle. Der Mann kann sie unterdrücken, aber sie ist das emotionale Zentrum und die eigentliche Macht liegt bei ihr. Das beginnt spätestens mit der Geburt eines Kindes, für das die Mutter die erste und wichtigste Bezugsperson ist, die es nicht nur zur Welt gebracht hat, sondern anfänglich auch am Leben erhält. Der Vater kommt erst später hinzu. Er kann dann sehr wichtig werden, aber sein Platz ist nie so selbstverständlich wie der der Mutter.

Hinzu kommt noch eine naturgegebene männliche Unsicherheit: Ein Mann weiß nie mit letzter Sicherheit, ob ein Kind auch *sein* Kind ist. Auch daher sind sich Männer, anders als Frauen, ihrer Rolle in der Familie nie sicher. Es gibt Untersuchungen aufgrund von genetischen Tests oder Fingerabdrücken, die man in England gemacht hat, nach denen in den untersuchten Bezirken im Großraum London neun Prozent der Kinder einen anderen als den angegebenen Vater haben. Also jedes elfte Kind ist ein untergeschobenes Kind! Das ist eine ganze Menge. Das Thema taucht auch bei Familienaufstellungen sehr häufig auf. Und auch wenn die Zahl in anderen Gebieten nicht so hoch sein mag, weist sie doch auf einen gewichtigen Unsicherheitsfaktor des Mannes hin. Ein Mann mag sich ziemlich sicher sein, dass er wirklich der Vater ist, aber er hat nie die gleiche Selbstgewissheit einer Frau. Ebenso weiß er nie, ob die Frau ihm im sexuellen Bereich etwas vorspielt. Bei den Männern liegt das alles offen zu Tage, bei den Frauen ist das schon sehr viel indirekter. Der Grundzustand des Mannes als Mann und als Familienvater ist Ungewissheit. Diese Ungewissheit kann sehr leicht in Zweifel umschlagen, wenn die Frau ihm nicht durch ihre Achtung bestätigt, dass sein Beitrag wichtig ist und gewürdigt ist.

Männer brauchen die Achtung ihres Beitrags zur Familie

Wenn dann die Frau noch signalisiert: „Eigentlich wirst du hier nicht gebraucht, du brauchst nur das Geld abzuliefern", dann tut er das auch und macht sich davon. Und vielleicht rächt er sich, indem er nicht einmal das Geld abliefert.

Bei Familienaufstellungen zeigt sich oft, dass nach Trennungen die Kinder aus der geschiedenen Ehe besser beim Mann aufgehoben wären.

Ich erinnere mich an einen Fall, wo die Frau zu mir gesagt hat: „Aber der kümmert sich um gar nichts." Ich habe geantwortet: „Was ich hier sehe ist, dass die Kinder zum Mann gehören, das ist alles. Nimm es einfach mal, lass mal alle Einwände beiseite und nimm mal dieses Bild in dein Herz, dass es deine Kinder mehr zum Vater zieht als zu dir, dass sie sich dort sicherer fühlen".

Sie hat heftig damit gekämpft und war sehr unzufrieden mit mir. Aber ein halbes Jahr später habe ich über einen Bekannten gehört, dass sie noch ein paar Wochen mit sich gerungen hat, ob sie dies annehmen soll, und dass dann der Mann von sich aus gekommen ist und sich sehr viel mehr um die Kinder gekümmert hat. Inzwischen seien sie geschieden und die Kinder seien beim Mann. Seitdem habe sie zu beiden, zu ihren Kindern wie zu ihrem Ex-Mann, ein besseres Verhältnis.

Das ist keine Ausnahme. Wenn eine Frau das innerlich sieht und dem Mann die Achtung wieder entgegengebracht hat, dann kommen die Männer und kümmern sich wieder.

Das Weibliche ehren

Ich will aber nicht nur von den bösen Frauen reden, denn die Missachtung, wenn nicht Verachtung des anderen Geschlechts ist keine weibliche Domäne. So fühlen sich Frauen zum Beispiel nicht sicher, ob ihr unsichtbarer und gesellschaftlich unterbewerteter Beitrag für die Familie überhaupt wahrgenommen, geschweige denn geschätzt wird. Sie tendieren dann dazu, sich Anerkennung in der männlichen Wertsphäre zu suchen. Manchmal auch durch Übernahme männlicher Verhaltensweisen. Das kann schon mal in Ordnung sein, wenn der Mann seinen Beitrag nicht liefern kann, weil er zum Beispiel krank oder behindert ist, aber sonst fühlen sich beide Partner damit meistens nicht wohl. Und obwohl es gerade das Weibliche und eben das andere ist, was Männer an Frauen zunächst anzieht, beruht eine verbreitete männliche Variante des Nichtachtens darauf, dass Frauen sich oft unlogisch und (in männlicher Sicht) inkonsequent verhalten – eben typisch weiblich –, und deswegen von den Männern nicht ganz für voll genommen werden.

Dahinter steht ein uralter Dominanzanspruch der männlichen Wertsphäre gegenüber der weiblichen, der für Frauen demütigend ist. Allerdings haben das heute paradoxerweise auch viele Frauen verinnerlicht. Und manche Feministinnen treiben die Missachtung der weiblichen Werte auf die Spitze, so hart können das Männer gar nicht machen. Die Lösung ist auch hier die Achtung der Frau und gerade der Einstellungen und Verhaltensweisen, die man partout nicht versteht.

Achten ist nicht Verstehen

Es geht also nicht darum – das ist ein weit verbreitetes Missverständnis – so lange miteinander zu reden, bis der andere einen versteht. Lassen Sie die Finger von solchen Ratgebern, die Ihnen das nahe legen. Das ist das Schlimmste, was man machen kann in der Partnerschaft, denn das bedeutet gerade, dass man den Partner nicht achtet! Also dieses „Ich muss mal mit dir reden" und „Versteh mich doch" oder „Ich möchte dich verstehen" – vergesst es. Das ist gerade das Nicht-Achten. Männer verstehen Frauen nie! Und Frauen verstehen Männer nie!

Dass Männer Frauen nie verstehen, das wissen alle Frauen – man kann es auch jetzt in Ihren Gesichtern sehen – das ist vollkommen klar, aber dass sie die Männer nie verstehen werden, das ist schon etwas schwerer zu akzeptieren. Da Frauen diese Kerle geboren und genährt haben, meinen sie insgeheim, alles über sie zu wissen und sie besser zu kennen als diese sich selber. Aber der Mann ist und bleibt für die Frau ein ebenso rätselhaftes Wesen wie die Frau für den Mann.

Wenn man sich das einmal innerlich vergegenwärtigt und wenn man das wirklich in sich akzeptiert, dann hat man einen ersten kleinen Schritt getan, den anderen zu lassen wie er ist. Und das ist der Schlüsselsatz für jede Beziehung. Der Satz lautet: „ Ich nehme dich, so wie du bist, als meine Frau (oder als meinen Mann), und ich gebe mich dir so wie ich bin als dein Mann (oder als deine Frau)." Entscheidend ist dabei das „So wie du bist."

Geben statt fordern

Das kann allerdings nicht eingefordert werden. Das ist das Grundübel bei Konflikten, dass man dies fordert, anstatt es zu geben: Ich will, dass du mich akzeptierst, und zuerst musst du mich akzeptieren, dann bin ich auch bereit, dich zu akzeptieren. Das ist wie in der Politik oder bei Tarifverhandlungen. Nach der Kuba-Krise 1962 haben zum Beispiel Russen wie Amerikaner eingesehen, dass das ungebremste Wettrüsten auf die Dauer zu gefährlich ist. Also haben sie Gespräche zum Zweck der Abrüstung oder wenigstens der Rüstungskontrolle begonnen. Das Muster dieser Verhandlungen war: „Wenn du abrüstest, dann machen wir das auch". Das Ergebnis war eine wahnsinnige Aufrüstung, die so lange anhielt, bis einer kam (Gorbatschow), der einfach einseitig abrüstete (aus welchen Gründen auch immer). Das hat dazu geführt, dass auch Ronald Reagan sich nicht lumpen lassen wollte und seinen Friedenswillen unter Beweis stellen musste. Zum ersten Mal in der Nachkriegsgeschichte wurden nicht-schrottreife Raketen abgebaut und Truppen reduziert.

Und so ist das auch in Beziehungen, es wird immer mehr aufgerüstet, wenn nicht einer bei sich selbst anfängt. Und anfangen muss immer der, der unter den Zuständen am meisten leidet. Die Achtung darf also nicht eingefordert werden, man muss sie geben – dem Partner und auch sich selbst. Wenn ich das einfordere, wenn ich zum Beispiel zu meiner Frau sage: „Akzeptiere mich doch so, wie ich bin, dann werde ich dir auch wieder entgegenkommen", dann erwarte ich von meiner Frau die Bestätigung, dass ich okay bin, wie ich bin. Warum? Weil ich es mir selber nicht glaube!

Die Eltern nehmen

Die Lösung liegt vor allem auch in der Selbstannahme, also dass ich mich selbst nehme, wie ich bin. Und dieses Selbstannehmen führt nur über das Nehmen der Eltern, denn die Eltern – und damit komme ich zu einer entscheidenden Einsicht aus dem Familienstellen – denn die Eltern sind die Quelle des Lebens für uns. Sie haben uns das Leben gegeben und wir haben es von ihnen bekommen. Und wenn Eltern das Leben weitergeben – egal unter welchen Umständen das passiert – dann können sie sich nur so weitergeben, wie sie sind. Sie können nichts weglassen. Also ich kann meine Haut zwar braun färben, aber deswegen wird mein Sohn keinen braunen Teint bekommen. Ich kann meine krausen Haare zwar glatt machen, aber deswegen wird meine Tochter keine glatten Haare bekommen. Und dies gilt nicht nur für körperliche Merkmale, sondern das gilt für alles. Das gilt auch für meine ganze Familiengeschichte, die hinter mir steht und die ich meinen Kindern weitergebe. Ich kann kein Jota weglassen und kein Jota hinzufügen. Vielleicht möchte ich, dass meine Kinder schöner sind, größer sind usw., dass sie intelligenter sind, dass sie zarter sind – was auch immer, ich kann nichts machen. Und genauso konnten meine Eltern nichts machen und wer immer Ihre Eltern sind, sie haben sich so weitergegeben, wie sie sind, und sie konnten sich nur so weitergeben.

Aus dieser Verbindung sind Sie entstanden. Um mich also selbst ganz annehmen zu können, muss ich auch meine Eltern nehmen. Wenn ich meine Eltern ablehne, wenn ich die nicht nehmen will, wenn ich sage, „eigentlich hätte ich gerne einen anderen Vater gehabt" oder „diese Mutter, um Gottes Willen" – dann lehne ich einen Teil in mir ab. Ein Mann, der seinen Vater ablehnt, wird kein Mann werden. Und eine Frau, die ihre Mutter ablehnt, wird keine Mutter werden. Sie kann ein Kind bekommen, aber sie wird zu dem Kind genau die gleiche Distanz haben, in der sie zu ihrer Mutter steht.

Deshalb ist das Nehmen der Eltern eine ganz wichtige Sache. Nun ist es so, um wieder auf diese Ebene der geschlechtlichen Identität zurückzukommen, dass viele Männer sich ihrer Männlichkeit nicht gewiss sind, weil sie z.B. mit ihrem Vater innerlich im Kampf liegen bzw. ihm nicht ganz zustimmen. Und vielen Frauen geht es mit ihrer Weiblichkeit genauso. Das hängt nicht nur mit der Beziehung zu den Eltern zusammen, sondern mit Verstrickungen in der Herkunftsfamilie, die über Generationen zurückreichen können. Ich kann das hier nur andeuten. Grundsätzlich ist es so, dass jeder seiner Familie, der Familie, aus der er kommt, treu ist. Innerlich ist jeder seiner Familie treu. Gerade dann, wenn er sich äußerlich davon zu lösen versucht.

Heimliche Treue zu den Eltern

Man kann zum Beispiel beobachten, dass diejenigen, die partout nicht werden wollen wie ihre Eltern, ihnen immer ähnlicher werden. So um die vierzig herum entdecken viele mit Entsetzen: „Mensch, ich bin ja wie mein Vater". Oder Frauen halt wie ihre Mutter. Häufig merkt man das am Verhalten den eigenen Kindern gegenüber, vor allem, wenn diese in der Schule Probleme machen oder in die Pubertät kommen.

Man kann dem nicht entgehen, auch wenn man keine Kinder hat. Innerlich bleibt jeder seiner Familie treu. Tut er es nicht wirklich und bewusst, hat er ein schlechtes Gewissen und/oder er drückt seine Treue auf krankhafte Weise bzw. heimlich und unbewusst aus. Häufig bekommen Kinder, die ihre Eltern nicht nehmen, die gleichen Krankheiten wie diese; manchmal überträgt sich dies auch auf ihre Kinder, die dann die Symptome oder die abgelehnten Verhaltensmuster der Großeltern bekommen. Das mag merkwürdig klingen, aber wenn man äußerlich sehr stark gegen die Eltern rebelliert (und nicht nur eine Jugendrebellionsphase durchmacht, sondern in dieser Rebellion bleibt), ist es häufig so, dass die Seele das nicht zulässt und dass man sich innerlich mit den Eltern dadurch verbindet, dass man dieselben Symptome und Krankheiten bekommt. Ich möchte dazu ein Beispiel erzählen, eines von hunderten.

Ich hatte einen Fall von einem Mann, der in einer sehr starken Ablehnung zu seinem Vater stand, weil der ihn früher systematisch geprügelt hat. Im Verlaufe der Aufstellung kam heraus, dass der Vater als zehn- oder zwölfjähriges Kind in Ostpreußen im oder unmittelbar nach dem Kriege Kartoffeln geklaut hatte zusammen mit seiner Oma und seiner Mutter. Der Junge wurde erwischt, Mutter und Oma nicht. Dann hat ein polnischer Offizier den Jungen verhört, für wen er die Kartoffeln geklaut hat, und er hat nichts gesagt, und die haben ihn dann mit den Beinen in kochend heißes Wasser gestellt, um das herauszufinden. Der Teilnehmer aber, also der spätere Sohn dieses Jungen, der seinen Vater hasste, hatte an den Unterschenkeln einen roten Ausschlag. Da war nichts festzustellen, warum das so war, er hatte einfach diesen brennenden Ausschlag an den Unterschenkeln, also dieselben Symptome wie sein Vater von der Verbrennung.

Wer also die Eltern ablehnt, läuft Gefahr, deren Symptome, deren Krankheiten oder deren Verhaltensweisen zu übernehmen. Das hängt vor allem damit zusammen, wie unser Gewissen funktioniert. Ich kann das hier nur andeuten, denn das ist ein längeres Thema. Aber einige Grundzüge möchte ich doch darlegen.

Unser Gewissen ist keine unabhängige Instanz. Also wenn wir uns schuldig fühlen oder Gewissensbisse haben, wenn wir das Gefühl haben: Ich habe was Schlechtes oder Falsches getan oder es war nicht recht – dann hat dieses Gefühl nichts mit einer höheren Moral oder einer höheren Ethik oder so zu tun. Unser Gewissen ist unmittelbar an unsere Familie gebunden. Unser Gewissen sagt uns im Grunde nur, was wir tun können und tun dürfen, um uns zu unserer Familie noch zugehörig zu fühlen. Solange wir uns gemäß dem, was in unserer Familie als gut und richtig gilt, verhalten, fühlen wir uns unschuldig und haben ein gutes Gewissen.

Also ein Zigeunerkind darf z.B. stehlen, es hat kein schlechtes Gewissen, weil das in seiner Tradition so ist und weil es dann zur Familie gehört. Aber wenn es im bürgerlichen Sinne ehrlich wird, dann kriegt es ein schlechtes Gewissen. Das innere Gefühl ist, dass es dann seine Familie verrät.

Gewissen und Geschlecht

Und das ist generell so, das ist für uns alle so. Daraus erklärt es sich z.B., dass man in bestimmten Situationen, etwa im Krieg, jemanden töten darf, ohne ein schlechtes Gewissen zu haben; dass man mit bestimmten Leuten so umgehen darf, mit anderen nicht, dass verschiedene Kulturen und verschiedene Gewissen existieren, um dies nur anzudeuten. Für unser Thema ist eine Folge der Gewissensbindung, dass die Haltung zum anderen wie zum eigenen Geschlecht ebenfalls aus der Familie übernommen ist. Dabei geht es nicht nur, nicht einmal in erster Linie, um das, was einem die Eltern gesagt haben, sondern um Haltungen, die über Generationen in der Familie gelten. Es ist also nicht nur eine Frage der Erziehung.

Wenn beispielsweise die Urgroßmutter im Kindbett gestorben ist, was in früheren Generationen ja häufig vorkam, dann gibt es oft die Fantasie, der Mann mit seinem Trieb sei daran schuld. Und aus Treue zu dieser Frau und zu ihrem Schicksal stehen die Frauen der nachfolgenden Generationen den Männern feindlich gegenüber oder haben Angst vor denen. Manchmal bekommen sie auch keine Kinder, ohne dass eine organische Störung vorliegt. Obwohl möglicherweise die Enkelin oder die Urenkelin zunächst erst einmal gar nichts davon weiß. Die kommt ins Seminar und sagt „Ich komme mit Männern nicht klar". Ich frage „Was ist in deiner Familie passiert", wir machen eine Aufstellung und das Verhalten der Stellvertreter der Mutter oder der Großmutter zeigt an: Da muss etwas Traumatisches passiert sein und man kommt irgendwann darauf: Die Großmutter oder Urgroßmutter ist im Kindbett gestorben. Und man kann dann sehen, dass diese Urenkelin in ihrer Ablehnung den Männern gegenüber der Urgroßmutter glaubt treu zu sein.

Oder ein anderes Beispiel, wenn die Oma nicht den Mann heiraten durfte, den sie liebte, weil er z.B. aus einer anderen Schicht war oder einer anderen Religion angehörte, dann verzichten häufig auch die Tochter und die Enkelin darauf, dass ihre Liebe wirklich gelingt, dass sie den Mann nehmen, den sie lieben.

Kindliche Liebe

Hinter dem Scheitern von Beziehungen stecken ganz oft solche Familienschicksale. Das kann man mit diesem Instrument der Familienaufstellung aufdecken, dann gibt es auch die Möglichkeit, dies zu lösen. Denn das, was hinter dieser Treue steht, das ist Liebe. Und wenn diese Liebe einmal gesehen und gefühlt wird, dann kann sie in eine heilende Bahn gerichtet werden. Liebe heißt hier, das Kind hat das Gefühl, dass es der Mutter oder der Oma nahe ist und ihnen etwas Gutes tut, wenn es ihr Schicksal übernimmt. Wir kennen das ja, wenn jemand, der uns nahe steht, beispielsweise einen schweren Unfall hatte oder gestorben ist oder eine schwere Krankheit hat, dann hat man so das Gefühl, man dürfe sich nicht freuen. Es dürfe einem selbst dann nicht gut gehen. Und wenn man es sich dann doch gut gehen lässt, wenn man dann gleich auf ein Fest geht und lacht, dann kommt so ein Anflug von schlechtem Gewissen. Wie kann ich es mir gut gehen lassen, wo doch der sterbend da liegt?!

So was geht in der Familie auch über mehrere Generationen. Wenn also zum Beispiel die Oma bei der Flucht aus Ostpreußen von russischen Soldaten vergewaltigt wurde, was häufig passierte, kann es durchaus vorkommen, dass die Enkelin vergewaltigt wird, weil sie damit glaubt, der Oma nahe zu sei, und deren Schicksal übernimmt. Und wenn man dann die Personen hinstellt, dann kann man sehen, dass das Kind meint, der Mutter oder der Großmutter oder dem Vater, dem Onkel oder dem Großvater gehe es besser, sie würden sich freuen, wenn man selber es sich auch schlecht gehen lässt. Man denkt, man würde die Vorfahren dadurch ehren. Es ist also im Grunde eine fehlgeleitete Liebe. Und wenn man dann die Leute das aussprechen lässt, wenn man also z.B. einen Sohn zu seiner Mutter sagen lässt: „Mama, weil du so gelitten hast, will ich mich auch am Leben nicht freuen, ich leide mit dir", dann kann er, wenn er ihr dabei in die Augen schaut, sehen, dass er damit der Mutter noch mehr Leid zufügt. Oder man kann sehen, dass die Großmutter, die im Kindbett gestorben ist, sich freut, wenn das Kind, das die Geburt überlebt hat – anstatt zu sagen „Mama, wenn du schon bei meiner Geburt gestorben bist, dann will ich es mir nicht gut gehen lassen" – sagt: „ Wenn es dich das Leben gekostet hat, dann will ich wenigstens was draus machen. Dann soll es nicht umsonst gewesen sein, dann will ich aus meinem Leben etwas Besonderes machen". Man kann also sehen, dass eine positive Aussage zum Leben die Liebe viel mehr ans Ziel kommen lässt als das Mitleiden. Aber die positive Aussage muss aus der Liebe heraus kommen, nicht aus der Angst, das gleiche Schicksal erleiden zu können. Wenn sie aus der Angst oder aus Ablehnung kommt, wird das schlechte Gewissen sie zunichte machen.

Vaters Tochter trifft Mutters Sohn

Jetzt komme ich zu einem anderen Thema, aus dem viele Probleme in Partnerschaften resultieren. Es hat mit der geschlechtlichen Identität zu tun. Ich will es mal etwas plakativ ausdrücken: Viele Frauen sind Vatertöchter und viele Männer Muttersöhne. Das Problem ist, das Vaters Tochter und Mutters Sohn sich gerne ineinander verlieben und anfänglich ein strahlendes Paar abgeben, bis sie merken, dass der jeweilige Partner die Erwartungen nicht erfüllen kann. Die Erwartungen sind nämlich die, dass die Vatertochter eigentlich ihren Vater sucht und von ihrem Mann enttäuscht ist, wenn dieser diese Rolle nicht ausfüllt. Und der Muttersohn sucht in seiner Partnerin die Mutter, aber die Frau kann nie an die Mutter heranreichen – sie bleibt immer die Beste.

Darüber gibt es ganze Bibliotheken psychologischer Literatur. Darauf möchte ich hier aber nicht eingehen, sondern Ihnen einige sehr einfache Dynamiken und Lösungen schildern, die sich beim Familienstellen zeigen und die Sie selbst in ihrer Partnerschaft oder Familie beobachten können.

Muttersöhne stehen zu sehr im Bannkreis der Mutter, Vatertöchter im Bannkreis des Vaters. Ein Hintergrund davon ist, dass die Eltern (vor allem die Mütter) nach der Geburt eines Kindes oft mehr auf das Kind als auf den Partner schauen, sodass die Paarbeziehung nicht mehr an erster Stelle kommt. Wenn Beziehungen nach der Geburt eines Kindes in eine Krise kommen, liegt dies oft daran. Wenn es ein Junge ist, dann schauen die Mütter ganz verliebt auf den Jungen, den sie da gekriegt haben. Und schauen nicht mehr verliebt auf den Mann. Dann werden die Kinder zum Ersatzpartner. In manchen Fällen, vor allem bei Männern, geht dies so weit, dass es zum Inzest kommt. Aber ob das Kind nun „nur" die emotionalen Bedürfnisse der Mutter nach Nähe oder auch die sexuellen Bedürfnisse des Vaters erfüllen muss: beides wirkt sich so aus, dass die Mutter oder der Vater die oder der große Geliebte bleiben, an den kein Mann und keine Frau im Leben mehr herankommt.

Und Söhne, die im Bannkreis der Mutter stehen, Muttersöhne, wissen ganz genau, wie man Frauen um den Finger dreht. Die wissen sehr gut, wie man Frauen verführt. Aber innerlich sind sie auch sehr sauer auf Frauen, weil sie auch wissen, dass die Mutter sie nie freigelassen hat. Und das sind dann die Softies, die, wenn man genau hinschaut, Frauenverächter sind. Und umgekehrt die Töchter, die immer auf dem Schoß vom Vater gesessen haben und nur so mit dem Finger zu schnippen brauchten und der Papa hat ihnen alles gegeben, weil er so ein süßes Töchterchen hat und weil er da stolz drauf ist und weil er nicht die nötige Distanz haben konnte, das sind häufig sehr verführerische, attraktive Frauen. Das ist die ewige Geliebte, die sehen wir in den Hollywoodfilmen. Und das Schlimme ist, dass uns diese Art von Figuren immer wieder als die idealen Paare vorgespielt und vorgestellt werden, dass wir diese Bilder immer wieder sehen. Wenn man sich heute die modernen Magazine anschaut, die modernen Frauenzeitschriften, die Männer, die dort abgebildet sind mit ihren schönen Körpern, das sind alles Muttersöhnchen. Und die Frauen sind alles Vatertöchter.

Häufig wird das Kind aber auch an die Seite des gegengeschlechtlichen Elternteils gezogen, weil dort eine Lücke ist, weil die Mutter oder der Vater allein ist. Das Kind will dann den fehlenden Partner – manchmal fehlt er tatsächlich, weil er zum Beispiel früh gestorben ist, manchmal auch nur innerlich, weil er verstrickt und innerlich abwesend ist – ersetzen. Der Sohn will die Mutter retten, die Tochter den Vater trösten. Manchmal nimmt der einsame Elternteil dieses Angebot an (wie beim Inzest), manchmal weist er das Kind aber auch zurück – dann wirbt es vielleicht noch heftiger um ihn oder sie, weil es sich abgelehnt fühlt. Das ist also oft eine Verstrickung, die so oder so zustande kommt, unabhängig vom Verhalten der Eltern und ihrer Erziehung.

Der Weg zum eigenen Geschlecht

Die Lösung aus einer solchen Verstrickung liegt darin, dass man sich dem gleichgeschlechtlichen Elternteil zuwendet, sich innerlich neben ihn stellt oder mit dem Rücken an ihn anlehnt und sagt: „Ich bin dein Sohn oder deine Tochter, und du bist der richtige Vater oder du bist die richtige Mutter für mich". Dies fühlt sich zumindest bei Söhnen wie Verrat an der Mutter an. Wenn ich solch einen Mann neben seinen Vater stelle und den zu seiner Mutter sagen lasse: „Hier bei meinem Vater ist ein guter Platz", dann schlottern denen häufig die Beine. Das können die manchmal nicht übers Herz oder über die Lippen bringen. Wenn es gelingt, kann man allerdings sehen, dass letztendlich auch die Mütter dadurch entlastet werden. Denn dann können sie in ihrem Sohn auch den Mann sehen, der einen eigenen Weg geht, und damit kommen sie letztendlich mit der Ordnung des Lebens in Einklang. Dann stellt sich ein tiefes Ordnungsgefühl ein, nämlich das Gefühl: So ist es richtig, so ist es in Ordnung. Dann können die Mütter ihre Söhne und die Väter ihre Töchter entspannt ziehen lassen, und dann geht es ihnen auch besser.

Die Grundregel lautet hier: Ein Mann wird zum Mann beim Vater und bei niemandem sonst. Und die Frau wird zur Frau bei der Mutter. Frauengruppen können da gar nichts machen. Männergruppen auch nicht. Um die eigene Mutter und den eigenen Vater führt kein Weg drum herum. Muttersöhne taugen allenfalls zu Liebhabern – in den Spielarten Jüngling, Softie oder Macho – und Vatertöchter zur Geliebten. Solange man als Sohn den Vater und als Tochter die Mutter nicht ganz genommen hat, sucht man die Bestätigung für das eigene Geschlecht, für die eigene Männlichkeit oder die eigene Weiblichkeit, außen. Man fühlt sein Mannsein oder Frausein nicht aus sich heraus, sondern muss es sich von außen bestätigen lassen.

Das äußert sich zum Beispiel in häufig wechselnden Partnerschaften, die eher oberflächlich sind und unbefriedigend bleiben. Der Grund dafür liegt weder an dem Partner noch an der Tatsache der wechselnden oder der bloß sexuellen Beziehung. Sondern der Grund liegt darin, dass man etwas sucht, was der oder die andere einem nicht geben kann – nämlich seine Identität als Mann oder als Frau. Mir kann keine Frau, so toll sie mich finden mag, meine Identität als Mann geben. Mir können hundert Frauen sagen, was für ein toller Mann ich bin, aber wenn ich nicht mit meinem Vater in Einklang bin, glaube ich es nicht. Und einer Frau können hundert Männer bestätigen, was für eine tolle und sexy und interessante Frau sie ist, im Inneren glaubt sie es doch nicht und deshalb muss sie zu den hundert Männern noch hundert andere haben, die ihr das auch letztendlich nicht geben können.

Sexualität als Geben und Nehmen

Erst wenn ich mit innerer Gewissheit sagen kann: „Ich bin ein Mann und das ist gut so" oder „Ich bin eine Frau und das ist gut so" (nicht: „...das ist besser so"!), wird aus einer Beziehung ein Geben und Nehmen, das beide bereichert. Auch die Sexualität funktioniert auf Dauer nur dann, wenn Männer sich ihrer Männlichkeit gewiss sind und an die Frauen verschenken – aus dieser Gewissheit heraus: „Ich bin ein Mann und ich stehe dazu und bin in meiner Kraft als Mann". Dann können Männer den Frauen etwas geben, was Frauen nicht kennen, und was sie aus sich heraus nicht erfahren können. Was sie nur erfahren können, wenn sie sich eingestehen, dass sie als Frau nur der eine Teil der Welt sind. Zwar hat auch jede Frau männliche Anteile und jeder Mann weibliche, aber die Kraft und Eigentümlichkeit des anderen Geschlechts kann man nur über den äußeren Partner erfahren. Wenn man dies würdigt, dann kann das auch dazu führen, dass man als Mann das Weibliche und als Frau das Männliche in sich selbst kennen und schätzen lernt.

Und umgekehrt genauso. Eine Frau kann einem Mann, wenn sie sich ihrer eigenen Weiblichkeit gewiss ist und darin ruht, diese Weiblichkeit schenken. Etwas, was der Mann aus sich heraus nicht erfahren kann. Und damit können sich beide ergänzen zu etwas Größerem und können sich bereichern. Und dann ist eine Beziehung nicht ein voneinander Nehmen-Wollen, was letztendlich unbefriedigend bleibt, sondern ein gegenseitiges Geben und Nehmen.

Dazu ist es allerdings nötig, dass ich einsehe, dass ich das nicht habe oder allein nicht erfahren kann. Das habe ich auch mit der Verneigung ganz am Anfang gemeint, dass ich z.B. einsehe, dass ich als Mann das Weibliche allein nicht erfahren kann. Und wenn ich mir dessen gewiss bin und das fühle, dann kann ich die Frau, die Partnerin oder die Frauen im Allgemeinen als eine Bereicherung meines Lebens sehen. Und ich kann mich verneigen und sagen: „Gut, dass es euch gibt" oder „Gut, dass es dich gibt. Denn durch dich erfahre ich etwas, was ich aus mir alleine heraus nie erfahren könnte." Und umgekehrt genau das Gleiche. Das ist die gegenseitige Achtung und diese gegenseitige Verneigung, von der ich am Anfang gesprochen habe.

Das Nehmen des Vaters und das Nehmen der Mutter kann allerdings manchmal sehr schwer sein, z.B. wenn der Vater unbekannt ist oder wenn er vergewaltigt oder getötet hat, ein Verbrecher war. Wenn er das Kind missbraucht hat oder wenn die Mutter eine Hure war oder wenn sie drogenabhängig war oder das Kind weggegeben hat. Dies ändert aber nichts an dem Grundsatz, den ich dargelegt habe.

Ich möchte ein Bild geben, das dies verdeutlichen kann. Man kann sich vorstellen, dass das Weibliche und das Männliche zwei Flüsse sind, die von ganz weit her kommen und sich durch den Vater und durch die Mutter im Kind vereinen. Dieser Strom reicht sehr viel weiter zurück als der Vater und die Mutter. Er geht über ganz, ganz viele Generationen, unendlich viele und ist weit größer und weit mächtiger als deren Taten. Das, was sie getan oder unterlassen haben, ist im Vergleich zu diesem Strom verschwindend klein. Aber – und das ist wichtig – dieser Strom kommt nur durch sie, nur durch diese beiden Eltern zur Vereinigung und damit zu dir.

Wenn die Beziehung zu den Eltern extrem belastet ist, dann kann man sich an dieses weitere Bild anschließen, darf dabei aber die Eltern nicht weglassen, denn sie gehören so, wie sie sind, zu dir dazu. In diesem Bild nimmt man dann das Leben und das eigene Geschlecht nicht direkt von den Eltern, sondern man nimmt es von den Ahnen, die dahinter stehen, und vielleicht sogar über diese Ahnen hinaus von der unbekannten Quelle, aus der das Leben überhaupt kommt. Aber es kommt durch die Eltern, es fließt nicht um sie herum, sonst würden wir nicht existieren.

Fragen und Antworten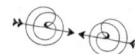

Gegenüber den Eltern bleibt man Kind

Teilnehmer:

Sie sprachen von dieser Beziehung Vater-Sohn und Mutter-Tochter. Von welchem bis zu welchem Lebensjahr ist das wichtig?

Nelles:

Das ganze Leben, also auch noch jetzt für Sie. Es spielt auch keine Rolle, ob die Eltern noch leben oder ob sie tot sind.

Teilnehmer:

Weil zuerst ist ja die Symbiose und im 3. Lebensjahr erfolgt die Triangulation zum Vater.

Nelles:

Das spielt keine Rolle. Also Entwicklungspsychologie spielt in diesem Zusammenhang keine Rolle. Wesentlich ist in diesem Zusammenhang die Grundgeschichte, nicht was so entwicklungsgeschichtlich alles abläuft. Und es ist völlig klar – ich habe zum Beispiel einen 15 Jahre alten Sohn, also der muss jetzt gegen mich rebellieren, es wäre schlimm, wenn er es nicht tun würde. Aber es muss auch irgendwann vorbei sein, sonst stimmt etwas Grundsätzliches nicht. Das heißt, entwicklungsgeschichtlich gibt es ganz verschiedene Phasen, die sind zu ihrer Zeit notwendig und in Ordnung, aber eben nur zu ihrer Zeit.

Ich schaue über diese Phasen und Prozesse hinaus auf die Grundlinien, und die Grundlinien sind, dass das Leben von den Eltern – und zwar von beiden zu gleichen Teilen – zu den Kindern geht. Das ist etwas ganz Einfaches und zugleich ganz Wesentliches. Denn daraus ergibt sich schlicht und einfach, dass man mit sich selber in Einklang kommt, wenn man seinen Eltern ganz im Innern zustimmt. Wer also zum Beispiel innerlich zu seinem Vater sagt: „Lieber Vater, du bist genau der richtige Vater für mich", und das Gleiche zu seiner Mutter, der ist nicht nur mit seinen Eltern, sondern auch mit sich im Einklang. Wer aber zu einem der Eltern sagt: „Mit dir will ich nichts zu tun haben", wenn er das zum Vater sagt, ist er mit seiner Männlichkeit nicht im Einklang. Und wenn er es zu seiner Mutter sagt – jeder Mann hat auch eine weibliche Seite, eine empfängliche Seite – ist er damit nicht im Einklang; und wenn er seine Mutter nicht würdigen kann, kann er auch die Frauen nicht würdigen.

Teilnehmer:

Dann sollten auch die Scheidungsrichter das beachten.

Nelles:

Man muss sehen, das sind unterschiedliche Vorgänge. Die Scheidungsrichter haben bestimmte Regeln in der Gesellschaft zu beachten und außerdem müssen sie sich an die Gesetze halten, die ihnen andere vorgegeben haben. Aber sicherlich würde es ihnen – oder mehr noch denen, die die Gesetze machen – nicht schaden, etwas von den Zusammenhängen zu wissen.

Adoption

Teilnehmerin:

Wie ist es dann, wenn jemand adoptiert wurde, also seine Eltern gar nicht kennt und nicht bei seinen Eltern aufgewachsen ist?

Nelles:

Es gilt im Grundsatz das Gleiche. Man muss die Eltern nicht kennen. Das Leben hat man immer von seinen natürlichen Eltern bekommen. Sind Sie adoptiert?

Teilnehmerin:

Nein.

Nelles:

Oder haben sie Adoptivkinder?

Teilnehmerin:

Nein, mein Mann ist adoptiert worden.

Nelles:

Also bei Adoption muss man sich darüber klar sein, Adoption ist ein sehr schwieriger Vorgang. Die Adoptiveltern sind häufig in der Zwickmühle, weil die Kinder, die adoptiert wurden, in der Tiefe ihrer Seele zu ihren Eltern wollen und sie empfinden die Adoptiveltern als jemanden, der sich dazwischengestellt hat. Manchmal ist das auch so gewesen. Da muss man aber auf jeden Einzelfall schauen. Für das adoptierte Kind ist es wichtig, sich die Sehnsucht nach seinen leiblichen Eltern einzugestehen.

Wenn ich solch eine Aufstellung mache, ist es häufig so, dass das adoptierte Kind einen sehr starken Zug zu den natürlichen Eltern hat. Manchmal sagen sie aber anfänglich: „Ich will die nicht anschauen", aber wenn man sie dazu bringt, den leiblichen Eltern in die Augen zu schauen, dann können sie sich nicht mehr zurückhalten, dann wollen sie meist mit aller Macht dorthin. Die Schwierigkeit ist allerdings, dass ein adoptiertes Kind, nachdem es fühlt, dass es eigentlich zu seiner Mutter will oder auch zu seinem Vater, dass es dann die Enttäuschung erleben muss, dass diese Mutter und dieser Vater es weggegeben haben. Deshalb schieben adoptierte Kinder dieses Gefühl, dass sie im Grunde ihrer Seele zu ihren Eltern möchten, weg, weil sie gleichzeitig diesen Schmerz nicht fühlen wollen, dass diese Bewegung nicht erfüllbar ist.

Genauer gesagt: Sie haben diesen Schmerz nie zugelassen, er liegt sozusagen ungefühlt in ihrer Kinderseele. Er kann natürlich nicht dauernd, also ein Leben lang gefühlt werden, das hält niemand aus. Aber einmal muss man sich ihm stellen, dem ganzen Vorgang und dem ganzen Schmerz. Dann kann man das hinter sich lassen. Das sind dann also zwei Bewegungen: Zuerst das Annehmen der leiblichen Eltern mit den gleichen Worten, die ich eben gesagt habe, so wie sie sind, mit allem, und dann auch das Annehmen, dass man auf sie verzichten musste. Erst dann ist es für sie möglich, die Adoptiveltern als diejenigen zu sehen und zu nehmen, die ihnen zwar nicht das Leben gegeben haben, aber die ihnen ganz viel gegeben haben, damit sie aufwachsen konnten, die ihnen all das gegeben haben, was ihre Eltern ihnen nicht geben konnten, was manchmal ja so ist, oder nicht geben wollten. Und dann können solche Kinder auch ein anderes Verhältnis zu ihren Adoptiveltern entwickeln. Das ist ein sehr schwieriger Vorgang. Für Adoptivkinder ist das schwierig. Aber das wäre der

Weg. Ob jemand dazu die Kraft hat, ist eine andere Sache.

Auf Rechthaben verzichten

Teilnehmer:

Man kann zwar die Eltern annehmen, aber wenn man weiß, dass für sie... – in meiner Generation ist ja dieser Materialismus sehr wichtig gewesen. Dass sie also ‚haben mussten‘, ich habe das immer gespürt. Dafür haben meine Eltern viel mehr Zeit investiert. Auch wenn ich sie annehmen kann: Mir fehlt da der Wert.

Nelles:

Nein, das ist eine völlig verdrehte Sichtweise.

Teilnehmer:

Weil es aber auch für sie verdreht war.

Nelles:

Nein, das ist eine völlig verdrehte Sichtweise, auch wenn sie in gewisser Weise verständlich ist. Zunächst einmal ist das Annehmen der Eltern nicht so billig, nicht so einfach, wie Sie das verstehen. Es ist nicht damit getan, zu sagen: „Ihr seid ja meine Eltern und ich nehme euch in Gottes Namen" oder so, und heimlich macht man in der Tasche eine Faust oder man denkt sich so was dabei wie Sie, nein, da sind die Dinge auf den Kopf gestellt. Da ist das, was wirklich etwas wert ist, völlig unterbewertet.

Was ich hier gesagt habe, hat überhaupt nichts mit Moral zu tun und es hat überhaupt nichts mit Gerechtigkeit oder so was zu tun. Wenn ich manche Eltern sehe, wie die mit ihren Kindern umgehen, dann denk ich mir oft: „Mensch, wenn diese Kinder in einer Familienaufstellung sich vor diesem Vater verneigen sollten, mein Gott. Was der da mit seinem Sohn anstellt!" Ich bin da voll auf der Seite des Kindes. Aber jetzt schauen wir einmal andersherum. Für diesen Sohn ist es nämlich so, dass es sein Vater ist. Und zwar nicht nur als eine bedauernswerte Tatsache, sondern er verdankt diesem Vater alles! Sie verdanken ihren Eltern alles, was Sie sind. Sie verdanken ihnen Ihre ganze Existenz. Und dass sich Ihre Eltern gerne ums Geld gekümmert haben oder so was, das ist völlig nebensächlich. Das ist so klein im Vergleich dazu, dass sie Ihnen das Leben gegeben haben.

Sie schauen auf das Leben, auf das Wesentliche, das sie bekommen haben, verächtlich. Sie machen das runter. Sie haben das Leben!

Ich rede hier nicht von Theorien. Ich rede nicht von Dingen, die wir nicht wissen. Ich rede nicht von Gott oder wie man das nennen mag, in welcher philosophischen oder theologischen Sprache man das nennen mag. Ich rede von den Dingen, die wir sehen können, die offensichtlich sind. Und offensichtlich ist, dass Sie das Leben von den Eltern haben, alles andere ist Spekulation. Und offensichtlich ist, dass jemand, der seine Eltern in diesem Sinne nicht nimmt, kein schlechter Mensch ist, aber er ist ein unglücklicher Mensch. Weil er sich selber nicht nimmt und weil er sein Leben nicht nimmt. Man hat das Gefühl, im Recht zu sein, aber was bedeutet dieses Recht? Dieses Recht bedeutet Unglück. Dieses Recht bedeutet ein halbes Leben, reduziertes Leben. Manchen ist das Im-Recht-Sein wichtiger, als glücklich zu sein. Das mag jeder so sehen.

Also so ein bisschen in dieser Richtung. Ihre Frage ist gut, weil sie deutlich macht, hier geht es um mehr als nur zu sagen: „Ja, ich nehme die ja an, sie sind ja schließlich meine Eltern und können vielleicht auch nichts dafür, dass sie so sind, wie sie sind", oder so was, es geht wirklich um eine ganz, ganz tiefe Bewegung. Und das ist nicht so, weil irgendeiner sich das ausgedacht hat, sondern es ist die tiefste Bewegung in der Seele eines Kindes. Man kann das in den Aufstellungen sehen, und man kann sehen, dass diese Bewegung völlig unabhängig von den Einstellungen der Betroffenen oder der Stellvertreter ist. In der Tiefe seiner Seele will jedes Kind zu den Eltern und zwar egal, wie die Eltern waren. Und es gibt Eltern... das, was Sie gesagt haben, sind ja Kinkerlitzchen. Ich will Sie nicht beleidigen, aber wenn ich Aufstellungen habe, wo die Eltern wirklich Mörder sind, wo die Mutter KZ-Verwalterin war oder so was, da geht es noch um ganz, ganz andere Dimensionen. Aber auch da gilt dasselbe, man kann sehen, dass das Kind tief in seiner Seele liebt, die Eltern liebt, und dass es, wenn es diese Liebe selber verweigert, weil die Eltern nicht so waren, wie sie sein sollten, dass es dann leidet. Dann tut es sich selber weh, dann tut es seiner eigenen Seele weh.

Und es ist auch gegen die Ordnung des Lebens. So, wie Sie über Ihre Eltern reden, sind Sie die Richterin auf dem Thron und die Eltern sind die Angeklagten auf der Bank. Also so sind sozusagen auch die Höhenverhältnisse, Sie sitzen oben, die Eltern unter Ihnen. Das ist eine Umkehr der Wirklichkeit. Tatsächlich ist es so, das das Leben, ich habe das eben in dem Bild von dem Fluss beschrieben, immer von den Eltern zu den Kindern fließt. Also an welcher Stelle des Flusses Sie sich auch befinden: Alles Wasser kommt von oben, und alles, was Ihnen vorausgegangen ist, sind Sie. Und wenn man das umdreht, dann stockt alles.

Es geht um eine innere Bewegung

Nelles:

Ich will noch eine Frage beantworten, die Sie mir eben in der Pause gestellt haben. Sie hatten mich gefragt, ob man jetzt nach Hause gehen soll und sich vor seinem Partner verneigen soll, oder ob man seiner Mutter sagen soll: „Ich nehme dich jetzt an."

Worüber ich gesprochen habe, das ist eine Bewegung des Herzens. Das ist das Entscheidende. Man kann dieser Bewegung des Herzens auch nach außen hin Ausdruck verleihen, aber das Innere ist das Wichtige, und das Äußere ist nur dann gut, wenn es mit dem Inneren voll übereinstimmt, sonst ist es scheinheilig und hilft auch nicht.

Wenn man aber die innere Bewegung als Bewegung des Herzens vollzieht, dann braucht man die äußere fast gar nicht mehr, dann wird es etwas verändern, dann wird es etwas in der Beziehung verändern, ganz klar. Ich habe erlebt, dass Leute, die diese Bewegung im Seminar vollzogen haben, nach Hause kommen und sagen mir z.B.: „Am Wochenende hat mein Vater angerufen, da war eine Meldung auf dem Anrufbeantworter, der hat seit Jahren nicht mehr angerufen." Also wenn diese Bewegung passiert, dann passiert ganz von selber auch etwas in den Beziehungen.

Teilnehmer:

Ich habe so eine Aufstellung in Beziehung zu meiner Mutter schon einmal gemacht und ich habe das Gefühl, es hat sich nicht so viel zu meiner Mutter verändert.

Nelles:

Was hat sich nicht so viel verändert?

Teilnehmer:

Die Beziehung zu meiner Mutter. Also dass ich die so richtig angenommen habe, das bezweifle ich manchmal. Wie merkt man denn dann, ob mit der Familienaufstellung etwas passiert ist, sodass eine Veränderung im Prinzip zur Beziehung zur Mutter eingetreten ist? …

Nelles:

Man merkt es eigentlich dadurch, dass man innerlich ganz zustimmt, dass dies die Mutter ist und dass sie so sein darf, wie sie ist. Daran merkt man es, ob man dem ganz zustimmt. Und wenn man da auch ganz entspannt mit ist, dann hat es klick gemacht; wenn nicht, dann hat es noch nicht klick gemacht.

Teilnehmer:

Das heißt: Ich kann eine Familienaufstellung auch wiederholen?

Nelles:

Manchmal. Man kann das, aber man sollte es nicht dauernd machen, man sollte es nicht zu oft machen. Für mich ist das, was da passiert, der Anstoß zu einer Bewegung, die in der Seele weitergeht. Und wenn man das wirklich versteht, dann geht diese Bewegung tatsächlich weiter. Es ist nicht etwas, was ich da irgendwo in einem therapeutischen Raum mache, sondern in dem therapeutischen Raum entsteht ein Anstoß, um etwas wirklich neu zu ordnen. Und diese Neuordnung in der Seele braucht Zeit. Und deswegen ist es beim Familienstellen so, dass Leute, die das verantwortlich machen, nicht hingehen und das nach zwei Monaten wieder machen oder dass sie fragen: „Ist es denn jetzt gelungen, sonst machen wir es noch einmal", sondern dass sie darauf hinweisen, dass diese Bewegung Zeit braucht. Manchmal kann es aber auch sein, dass irgendetwas nicht beachtet worden ist, wenn sich auch nach längerer Zeit nichts verändert und dann kann man noch einmal hinschauen.

Teilnehmer:

Funktioniert das denn auch, wenn die Beziehung zwischen Mutter und Tochter so gespannt ist, dass eine Begegnung im

Moment gerade gar nicht möglich ist, also eine reale Begegnung. Würde da eine Familienaufstellung helfen?

Nelles:

Ja, ganz besonders dann. Wobei ich sagen muss, es geht nicht darum, dass die Mutter das versteht; das ist ein verbreitetes Missverständnis, dass viele meinen, die Mutter müsse etwas verstehen. Darum geht es gerade nicht! Es geht auch nicht darum, dass irgendetwas in der Beziehung zur Mutter geklärt wird, sondern es geht darum, dass in mir als Kind, in meiner Seele, etwas vollständig wird. In meiner Seele ist etwas unvollständig, wenn ich zu meinem Vater oder zu meiner Mutter ein Nein habe oder zu Teilen von ihr ein Nein habe. Und es geht darum, dass in mir etwas rund wird und etwas vollständig wird, indem ich diese Bewegung mache. In der Regel ist es dann so, dass dann auch im Äußeren sich die Dinge entspannen, aber darum geht es gar nicht in erster Linie, sondern es geht um das, was im Inneren ist, in mir.

Teilnehmer:

Also Sie sagen „in mir". Wenn ich mich meinem Partner gegenüber verbeuge, dann müsste sich da ja auch etwas ändern, dass ich ihn respektiere und nicht ständig diese ganzen Nörgeleien oder sonst was an den Tag lege, diese ganzen Kleinigkeiten des Alltags, wo man sich aufregt und was weiß ich, die eigentlich eine Beziehung eher kaputt machen, als dass sie förderlich sind?

Nelles:

Ja, wenn ich auf die Partnerschaft so schaue. Ich habe versucht, in meinem Beitrag auf etwas hinzuweisen, was im Allgemeinen nicht mehr passiert, wenn's kriselt, nämlich dass man hingeht und den Partner als jemanden sieht, der einem etwas zusätzlich gibt, was man von sich aus nicht hat. Dass man sozusagen den Kopf etwas hebt und über diese Alltagsgeschichten hinausschaut.

Ich rede hier nicht der heilen Welt das Wort. Aber auch die Reibereien im Alltag – wenn man die unter diesem Aspekt sieht, dann kriegen die eine andere Rangordnung, dann kriegen die eine andere Wichtigkeit. Dann überlagern sie nicht mehr alles. Und deshalb der Vorschlag, einfach auch einmal auf diese Ebene zu schauen. Und damit wird auch der Partner auf einen anders schauen. Natürlich muss sich das auch im Alltag niederschlagen. Es ist ein Unterschied, ob der Streit die Grundstimmung einer Beziehung ausmacht oder das Gemeinsame, in dem es dann auch mal Auseinandersetzungen gibt. Ich habe ja das Beispiel mit der Abrüstung gebracht. Und das würde ich für Beziehungen, wo es also auch diese Alltagskonflikte gibt, auch vorschlagen, dass man einfach anfängt abzurüsten und sagt: „Ich stehe jetzt nicht mehr da und fordere, dass Du mich achtest, sondern ich fange damit an."

Mann und Frau brauchen einander

Ich möchte noch einen Aspekt nennen, der wichtig ist in einer Beziehung. Das Geschlechterverhältnis ist heutzutage, auch unter dem Getöse der Medien, weitestgehend auf Kampf und Konkurrenz ausgerichtet. Deshalb ist es für mich ganz wichtig, dass man sieht: Wir sind eigentlich aufeinander angewiesen. Mann und Frau brauchen einander und ohne Mann und Frau würden wir gar nicht existieren. Und dass man dann den anderen einmal so sieht und achtet, als Ergänzung, als Bereicherung. Ich bin sicher, dass in jeder Beziehung ganz viele von diesen Rüstungen und Panzern anfangen zu schmelzen, wenn man innerlich das einmal dem Partner signalisiert: „Ich achte auch dein Geschlecht, und es ist in Ordnung so, obwohl ich es nicht verstehe, gerade obwohl ich es nicht verstehe. Und ich verzichte darauf, dich verstehen zu wollen. Und trotzdem achte ich dich." Ich glaube, das ist eine ganz wichtige Grundlage für jede Partnerschaft.

Ein anderer Aspekt ist noch, dass es in einer Ehe oder festen Partnerschaft auch wichtig ist, die Familie des Partners zu achten. Das kommt noch dazu. Dass man also nicht sagt: „Dich mag ich, aber mit deiner Sippe will ich nichts zu tun haben." Oder die böse Schwiegermutter. Was passiert denn, wenn ich zu meiner Frau sage: „Ja, ich finde dich ja nett und ich mag dich auch, aber deine Eltern will ich nicht haben, mit deiner Familie will ich nichts zu tun haben"? Was passiert, ist, dass ich meine Frau in eine Zwickmühle bringe, sie zwinge, für mich von ihrer Herkunft abzurücken. Auch wenn sie dem äußerlich folgt, wird ihre Seele das nicht mitmachen, sie rückt innerlich auf die Seite der Eltern. Dann stellt sie sich innerlich vor sie. Und das bringt eine Spaltung in die Beziehung. Es geht nicht.

Teilnehmer:

Ja, aber was macht man dann? Es ist tatsächlich bei uns so!?

Nelles:

Dann schaut man auf den Partner und sagt: „In dir achte ich auch deine Eltern und deine Großeltern", denn schließlich haben sie ihn ja hervorgebracht. „Und wenn es die nicht gäbe, dann gäbe es dich nicht." Im Grunde ist es ganz einfach. „Und weil es die gibt, hab ich dich als Partner gewonnen und bekommen." Ganz einfach, aber es ist eine ganz wichtige Sache.

Deshalb halte ich inzwischen wieder viel von den alten Hochzeitsritualen. Heute ist es ja modern, zur Hochzeit seine Freunde einzuladen, aber es ist Schwachsinn: Man soll die Familie einladen! Die Onkel und die Tanten und die Eltern und die Großeltern des Partners, dann lernt man die erst richtig kennen, dann sieht man, wen man da heiratet. Das ist der Sinn dieser alten Rituale, die Familien werden noch einmal zusammengeführt, man sieht die ganze Familie, man sieht seinen ganzen Hintergrund, und in dieses Schicksal sind der Bräutigam und die Braut unentrinnbar eingebunden. Das ist die Schicksalsgemeinschaft, aus der er oder sie kommt, da sind sie eingebunden. Und diese Familie, nicht nur die eigene, sondern auch die des Partners, die ganze, wird in den eigenen Kindern weiterwirken. Dem muss man zustimmen, das ist der tiefere Vorgang bei einer Hochzeit. Gleichzeitig machen beide Partner aber mit der Eheschließung einen Schritt hinaus aus diesem Verbund und insofern ist dieses alte Hochzeitsritual eigentlich etwas ganz Tolles, und heute ist das so verflacht, aber das ist mir auch erst in den letzten Jahren klar geworden.

Verstrickung ist nicht Vererbung

Teilnehmer:

Aus ihren Ausführungen schließe ich, dass für das Verhalten eines Menschen wohl die Erbanlagen dominant sind. Ist denn die Umwelt und all das, was von der Gesellschaft an Eindrükken kommt, überhaupt nicht von Bedeutung?

Nelles:

Also, ich muss Sie ein bisschen korrigieren. Ich habe überhaupt nicht von Erbanlagen gesprochen, sondern ich habe von der Einbindung in das Schicksal der Familie gesprochen. Das ist etwas anderes als die Vererbung. Die Einbindung in das Schicksal ist etwas, was aus der inneren, aus der seelischen Verbindung des Einzelnen mit seinen Vorfahren resultiert. Dieses aber ist in der Tat sehr viel wichtiger und sehr viel prägender und sehr viel stärker als alle anderen Einflüsse, die da später kommen. Das ist richtig.

Teilnehmer:

Es schließt eigentlich ein bisschen an die Frage an, ob du – wir sind per du – glaubst, dass das einfach auch durch eine individuelle Erkenntnis geht, weil nicht jeder jetzt Familienstellen machen kann, und welches Gewicht kollektive Glaubenssätze haben, z.B. „Eifersucht gehört zur Liebe"? Was hat das für Auswirkungen? Kann man, auch ohne dass man seine Familie aufstellt, zu diesem inneren Öffnungsakt, zu diesem inneren Erkenntnisakt, zu diesem inneren Verstehensakt kommen?

Nelles:

Ja, kann man. Man kann dazu kommen, aber man muss Folgendes wissen: Das ist nicht eine Frage der intellektuellen Einsicht, sondern es ist eine Bewegung des Herzens und eine Bewegung der Seele. Und wenn eine Verstrickung über mehrere Generationen geht und mit Personen zusammenhängt, die man persönlich nicht kennt, oder mit Ereignissen, von denen man nichts weiß, ist das kaum möglich.

Rollenbild Mann – Frau

Teilnehmer:

Im Vortrag ist das klassische Rollenbild „Frau an den Herd" durchgeklungen, welche Bedeutung hat das Ganze auf die heutige Zeit?

Nelles:

Also, ich erinnere mich nicht, dass ich das gesagt habe. Ich habe folgendes gesagt: Es ist so, es gibt diese klassische Rollenverteilung, die eine lange Menschheitsgeschichte hat. Lange

Menschheitsgeschichte heißt Zigtausende von Jahren. Nicht hundert Jahre und nicht einmal tausend Jahre, sondern hundert mal tausend Jahre und mehr. In dieser Menschheitsgeschichte ist es immer so gewesen, dass der Mann für die äußere Sicherheit der Familie zuständig war. Das ist auch heute noch so. Jetzt wird gerade dran gekratzt, aber es ist noch heute so.

Mein ältester Sohn ist gestern bei der Musterung gewesen, zum Militär. Das heißt, es ist auch heute noch so, dass die Männer im Zweifelsfalle dazu ausersehen sind, ihren Körper sozusagen vor die Familie oder vor das Land zu stellen und ihr Leben zu geben, d.h. dass sie noch immer gesellschaftlich diese Funktion haben, wenn es hart auf hart kommt, ihr Leben zu geben.

Der Mann ist also für die äußere Sicherheit zuständig, in der Gesellschaft wie in der Familie, und wir sollten nicht meinen, dass wir mit zwanzig oder meinetwegen auch zweihundert Jahren Emanzipation hunderttausend Jahre, die tief in uns verwurzelt sind, so ohne Weiteres wegtun können. Wenn ich diese Zeiträume auf einen Meter Länge übertrage, dann sind die letzten hundert Jahre kein Millimeter. Und das ist nur die menschliche Evolution, das, was davor war, steckt auch in uns. Das ist also etwas, was ganz tief in uns drin ist.

Ob sich das ändert? In meinen Augen in einem Menschenleben sicherlich nicht. In einer Generation und in fünf Generationen auch nicht, vielleicht in fünfhundert Generationen. Und genauso ist es, dass die Frau – und das ist auch bei den Frauen, die berufstätig sind, bei den ganz modernen Frauen, so, – dass die Frauen die Hauptlast in der Familie tragen, dass sie sozusagen die emotionale Sicherheit im Innern der Familie nach wie vor in erster Linie gewährleisten. Und es ist für eine Familie, auch für eine moderne Familie, immer noch innerlich gut, wenn die Partner anerkennen, dass sie innerlich so sind. Das mag sich in Hunderten von Jahren ändern oder auch in tausend Jahren, aber dass sie innerlich erst einmal anerkennen, dass sie so sind, und dass beides einen eigenen Wert hat.

Ich möchte noch dazu sagen: Es ist nicht mein Ideal, sondern es ist so. Wenn wir eine Familie aufstellen, dann gibt es so etwas wie eine Rangordnung, es gibt eine Ordnung, die richtet sich nach unserer inneren Uhr. Wir haben alle so ein inneres Verständnis, einen inneren Kompass, mit dem wir wahrnehmen, was ist richtig und was ist falsch. Und dieser Kompass geht bei uns im Uhrzeigersinn. Und wir haben sozusagen eine Rangordnung im Uhrzeigersinn, von Ihnen gesehen von links nach rechts. Wenn ich Geschwister aufstelle, steht hier das älteste Kind, dann steht hier das zweite Kind und hier das dritte Kind. Die stehen in der Ordnung, in der sie gekommen sind, und das nächste stellt sich an. Und wenn diese Ordnung verdreht ist, wenn das Dritte an erster Stelle steht, dann fühlen die sich unwohl – immer, völlig unabhängig von den Einstellungen der Stellvertreter. Die staunen selbst hinterher darüber.

Und jetzt kann man feststellen – und zwar völlig unabhängig davon, mit welchen Personen man arbeitet -, dass, wenn man ein Paar nebeneinander stellt, die sich in 95 Prozent aller Fälle am wohlsten fühlen, wenn der Mann an der rechten Seite der Frau steht (vom Betrachter aus gesehen links), also an der ersten Stelle, und die Frau an der zweiten Stelle an seiner Linken. Wenn der Mann die Außenposition einnimmt und die Frau innen steht.

Und das ist völlig unabhängig davon, welche Personen ich nehme. Ob ich jetzt mit ihr arbeite oder mit ihm oder mit Ihnen oder ob mit einem Italiener oder einem Japaner. Es spielt überhaupt keine Rolle. Wenn man die Repräsentanten, die nichts mit diesem Fall zu tun haben, fragt, an welcher Stelle fühlst du dich am besten, sagen die Frauen fast immer, ich fühle mich auf dieser inneren Position am kräftigsten und am wohlsten, und die Männer fühlen sich auf dieser äußeren Position am kräftigsten.

Die Paarbeziehung geht vor

Teilnehmer:
> Ich habe noch ein bisschen Probleme mit diesem, ich sag jetzt mal, Klischee Vatertöchter und Muttersöhnen. Weil, ich fühle es irgendwie so: Jede Familie freut sich ja erst einmal, wenn da Nachwuchs auf der Bildfläche erscheint, und dann haben ja die kleinen Mädels ab einem gewissen Alter einfach andere Strategien, den Papa um den Finger zu wickeln, als die Jungs. Also so ein Stück weit finde ich das erst mal noch normal, aber ab wann wird es denn dann problematisch?

Nelles:
> Also erst einmal gebe ich Ihnen Recht, es ist ein bisschen wie ein Klischee. Ich bin mit solchen Einteilungen und Schlagwörtern normalerweise vorsichtig. Sie haben die Qualität, Interesse zu wecken, deswegen benutzt man sie schon einmal, aber es ist in dieser Ausschließlichkeit ein Klischee.
> Wenn ein Kind in der Beziehung geboren wird, ist es klar, dass man sich über das Kind freut. Wichtig ist dann, dass das Kind einem nicht etwas gibt oder dass man in die Beziehung zu dem Kind nicht etwas hineinbringt, was in die Partnerbeziehung gehört. Und wenn von dem Kind sozusagen so etwas an einen herangetragen wird, dass die Eltern ganz klar sagen: „Dafür hab ich die Mama oder den Papa", dass man also ganz klar da eine Trennung vollzieht, und dass das Kind sieht, dass die Elternbeziehung etwas für sich ist, und dass die Beziehung zum Kind etwas anderes ist.
> Das ist für mich so das Primäre. Wenn der Sohn merkt: Ich bin für die Mama wichtiger als der Papa, oder die Tochter

umgekehrt so etwas Ähnliches merkt: Ich bin für den Papa ja interessanter als die Mama, das bläht die Kinder auf. Dann werden sie sozusagen größer, als sie eigentlich sind. Und dann geht das natürliche Gefälle zwischen Eltern und Kind verloren und das Kind schiebt sich zwischen die Elternbeziehung. Ich will und kann jetzt keinen genauen Punkt angeben, wo das passiert, sondern ich möchte die Grundzusammenhänge verdeutlichen. Wenn man das sieht und weiß, dann kann man damit anders umgehen.

Für die Eltern wie für das Kind ist es wichtig, dass sie dem Kind sagen: „Was zwischen uns ist, geht dich nichts an." Die Eltern dürfen ein Kind nie in ihre Paarbeziehung und Intimbeziehung einweihen. Eine Mutter darf einem Kind nichts erzählen, auch wenn man geschieden ist oder wenn es eine Trennung gab, darf sie ihm nichts über den Partner erzählen. Nichts, was in die Intimbeziehung gehört. Also man kann so sagen: Die Schlafzimmertür ist die Grenze. Bildlich gesprochen. Ansonsten werden die Kinder in diese Beziehung hineingenommen, und dann fangen sie unwillkürlich an, auch das zu tragen und mit diesen Dingen belastet zu werden, dass z.B. zwischen den Eltern irgendwas nicht mehr klappt und so was. Natürlich gibt es Streit zwischen den Eltern und dann ist es für die Eltern eine angemessene Aussage gegenüber dem Kind: „Das machen wir alleine, das machen wir unter uns aus, das geht dich nichts an. Was dich betrifft, wir sind deine Eltern. Und was zwischen uns ist, das ist unsere Sache."

Und ein Kind darf nicht ins Vertrauen gezogen werden. Alles andere ist für das Kind ziemlich belastend. Gleichzeitig auch aufblähend. Und man kann z.B. in den Aufstellungen sehen, wenn die Eltern sich wieder gegenseitig anschauen, also als ein Paar betrachten, werden die Kinder sagen: „Oh, das ist aber schön." Also von der Sicht der Kinder ist das schön, wenn die Eltern miteinander klar sind, dann können die Kinder sich umdrehen und spielen gehen. Und ansonsten sind sie ständig

in diese Beziehungskisten verwickelt. Das ist so die Grenz-
linie. Ist das okay so in etwa?

Teilnehmer:

Im Prinzip ja, aber da gibt's natürlich auch Kinder, die nachts
an der Schlafzimmertür der Eltern horchen, so welche gibt es
halt auch.

Nelles:

Gut, wenn sie das machen, dann kann man nichts machen.
Man kann den Kindern ihr Schicksal nicht ersparen, und man
darf diese Dinge, über die ich hier spreche, nicht so verstehen,
dass man nur alles richtig machen müsste, und dann wären die
Kinder frei. Also das ist eine Gefahr, dass man aus dem Familienstellen ein Regelbuch macht nach dem Motto: „Wie bin
ich ein guter Ehemann oder Vater oder Sohn?" Das ist nicht
mein Ansatz, wenn ich auch sagen kann, dass es da sehr nütz-
liche Hinweise für den Alltag gibt. Aber das andere und für
mich Wesentlichere ist, dass wir in eine ganz große Bewegung
eingebunden sind, man kann das Schicksal nennen oder
Bestimmung oder Evolution oder wie auch immer – da ist
etwas Größeres, das über unser Wollen hinausgeht. Und dem
sind auch unsere Beziehungen und unsere Kinder unterworfen.
Man muss auch dazu sagen, es gibt auch ganz merkwürdige
Arten von Verstrickungen, die dann dahin führen. Es ist z.B.
so, dass, wenn es eine frühere bedeutsame Bindung gab bei
einem der Eltern, wenn also jemand vorher schon einmal verheiratet war oder jemand war verlobt oder jemand hat mit
jemand anders in einer engen Beziehung gelebt und das ist
ungut auseinander gegangen, vor allem ist der frühere Partner
oder Partnerin nicht geachtet worden, dann ist es so, dass diese
frühere Partnerin oder eine nicht geachtete Person, eine aus-
geblendete Person, die eigentlich dazugehört, von einem Kind

später vertreten wird. Also es passiert z.B., dass eine frühere Partnerin eines Mannes, die nicht gewürdigt ist, dass die von der Tochter aus der späteren Beziehung vertreten wird. Die Tochter schiebt sich dann wie die frühere Partnerin, die ausgeschlossen wurde, zwischen die Mutter und den Vater, also die folgt sozusagen einem inneren Zwang. Manchmal kann das Kind nicht anders. Man kann sich das so vorstellen: Wenn in einer Sippe oder in einer Familie irgendeine Person, die dazugehört – und eine frühere Verlobte oder ein früherer Ehemann gehört mit Sicherheit dazu – nicht den Platz bekommt, der ihr eigentlich zusteht, dann entsteht sozusagen ein Vakuum. Dieser Platz ist nicht besetzt. Und in dieses Vakuum – wie in einem Vakuum im naturwissenschaftlichen Sinne – zieht es jemand anderen hinein. Dagegen kann man sich nicht wehren, weil es völlig unbewusst geschieht. Über eine Aufstellung kann man das aber aufdecken und lösen, indem man die Person wieder ins Gedächtnis und in die Familie hineinnimmt. Dann kann man selbst aus diesen Dingen zurücktreten.

„Weibliche" Männer, „männliche" Frauen

Teilnehmer:

Wie ist das mit männlichen und weiblichen Anteilen, die jeder in sich trägt, jeder Mann hat ja männliche und weibliche Anteile und umgekehrt, und es gibt weibliche Männer und männliche Frauen, die ja nicht unbedingt aus dem sozialen familiären Entstehungsprozess resultieren, sondern genetisch angelegt sind, die sich ja körperlich zeigen oder in der psychischen Struktur. Und wenn die jetzt unausgeglichen sind, also wenn der Mensch nicht ganz ist, so wie Sie es ja vorher auch gesagt haben, im Prozess der Ganzwerdung, aber auf einem anderen Weg: Wie vertragen sich diese beiden Konzepte, das, was Sie geschildert haben, und dieses unausgegliche

Männlich-Weiblich-Sein miteinander? Es würde ja nicht unbedingt zur Konsequenz haben, dass jetzt der Mann sich mit seinem Vater versöhnen muss, sondern es könnte ja auch bedeuten, dass er die weiblichen Anteile in sich erfahren oder bestätigen muss, um gänzlich Mann zu werden.

Nelles:

Nein. Die Lösung für den Mann, was seine Männlichkeit betrifft, geht nur über den Vater. Ich möchte aber dazu sagen, dass ich nicht ein bestimmtes Männerbild propagieren will, also den so genannten starken Mann, den männlichen Mann und den weiblichen Mann. Auch der so genannte schwache Mann kann ein starker Mann sein. Ich finde diese Klischees sehr problematisch, auch wenn starke Frauen von starken Frauen reden. Es gibt viel stärkere Frauen, nur die reden nicht davon. Wenn starke Frauen anfangen über starke Frauen zu reden, dann bin ich erst einmal skeptisch, und bei Männern ist es das Gleiche. Zu sich als Mann zu stehen, mit seinem Mann-Sein in Einklang zu sein, hat nichts mit einem bestimmten Männerbild oder einem bestimmten Männlichkeitsideal zu tun. Das möchte ich ganz klar sagen. Auch ein schwacher Mann kann ein starker und ein richtiger Mann sein. Es geht darum, dass ich mit mir selber übereinstimme. Darum geht es. Und mit dem, was ich als Mann bin, stimme ich überein, wenn ich ganz mit meinem Vater übereinstimme. Wenn ich ihn ganz nehme. So wie er war, auch wenn er ein schwacher Mann war. Dass ich mit meinem Vater übereinstimme, auch wenn er z.B. Alkoholiker war – um das mal zu nehmen, was sehr häufig vorkommt. Das ist übrigens der beste Weg, selber keiner zu werden; und der sicherste Weg, einer zu werden ist, wenn die Mutter sagt: „Werde bloß nicht wie dein Vater, das ist ein Säufer." Das ist der sicherste Weg, dass das Kind zum Säufer wird – oder zum Kiffer. Wenn die Mutter aber zum Sohn sagt: „Was immer dein Vater macht, ist seine Sache, aber er ist der richtige Vater für dich, und du darfst ruhig so sein wie er", dann kann der Sohn den Vater in sich nehmen und hat die Freiheit, sich selber zu entwickeln. Im Einklang mit sich und mit dem, was er an Männlichkeit bekommen hat. Es geht darum, mit dem, was ich bekommen habe, für mich im Einklang zu sein. Es geht nicht darum, irgendwo das Bild von Herkules oder irgendeinem Männertyp darzustellen.

Gerade dann, wenn der Vater ein eher schwacher Mann ist, ist es wichtig, dass der Sohn sich innerlich an ihn anlehnt. Er sagt damit: „Ich habe keine Angst vor dem, was du mir mitgegeben hast, ich nehme es alles so, wie es ist, auch mit allen Schwächen und Begrenzungen." Dann tritt etwas Merkwürdiges ein: Der Sohn fühlt sich gestärkt und der Vater auch (weil er geachtet ist). Und dann entfällt der Zwang, die pathologischen Dinge zu übernehmen. Dann bleibt der Sohn wahrscheinlich ein weicher oder sanfter Mann, aber die Zustimmung dazu und dazu, dass er das vom Vater (oder wem auch immer, es muss nicht immer der Vater sein) bekommen hat, macht ihn gleichzeitig stark.

Sich der Wirklichkeit fügen

In der Tiefe geht es bei diesen Fragen darum, Wirklichkeiten zu sehen – so, wie sie sind. In diese Wirklichkeiten sind wir hineingestellt, und sie wirken in uns – auch ohne unsere Zustimmung. Aber *mit* unserer Zustimmung wirken sie kraftvoller, und wir selbst fühlen uns wohler – weil wir mit dem im Einklang sind, was wir sind. Die Wirklichkeit ist für uns zwar oft schrecklich und entspricht nicht unseren Wünschen, aber nichts ist auf die Dauer so leidvoll wie der Versuch, sich ihr zu entziehen oder mit Gewalt dagegen anzugehen. Wer sich aus diesem Leiden lösen möchte, fügt sich der Wirklichkeit wie der Fluss der Landschaft.

Wilfried Nelles

Liebe, die löst

Einsichten aus dem Familien-Stellen

ca. 184 Seiten, Gb/SU
ISBN 3-89670-286-6
erscheint Oktober 2002

Das Familien-Stellen nach Hellinger gilt vielen als Weg der Rückbindung an alte Werte. Im Gegensatz dazu demonstriert Wilfried Nelles hier, dass diese Methode ganz im Dienst des Wandels steht: Sie zeigt Wege auf, wie man alte Bindungen ohne Verstrickung hinter sich lassen und so zu persönlicher Freiheit und sozialer und kultureller Verständigung kommen kann.

In lebendiger Sprache und anhand vieler Beispiele liefert Wilfried Nelles mit diesem Buch zugleich eine in sich geschlossene, lebendige Einführung in das Familien-Stellen und gibt wichtige Anregungen für die fachliche Diskussion.

Carl-Auer-Systeme Verlag – www.carl-auer.de

Der Autor bietet fortlaufend Kurse an zu den Themen

Familienaufstellungen (allgemein)
Aufstellungen zum Thema Paarbeziehungen
Organisationsaufstellungen
sowie eine Fortbildung in Systemaufstellungen.

Informationen finden Sie auf der Internetseite

www.wilfried-nelles.de

Sie können sich auch direkt mit dem Autor in Verbindung setzen:

Dr. Wilfried Nelles
Burgstraße 13 a
D-53947 Nettersheim-Marmagen
Fax: 02486-911439

info@editioninnenwelt.de
Lütticher Str. 40
50674 Köln
Fax 0221 27 804 66